Aus der Kybernetik als Modell für selbstregulierende Systeme ist eine Matrix der ständigen Optimierung eines jeden und der Gesellschaft geworden:
Von der kybernetisch inspirierten Sozialpsychologie der fünfziger Jahre wanderte die Feedback-Theorie in die Selbsterfahrungsgruppen, die sie in die WG-Küchen weitertrugen. Parallel flossen die Methoden als Social Engineering in das Management ein und später in die sozialen Netzwerke, wo das Kommunikations-Panoptikum nochmals in neuer Form zu sich fand. Jeder ist nun Beobachter aller anderen und ein von allen anderen Beobachteter. Kontrolle bedeutet nicht länger, die Kontrollierten auf einen Sollwert zu regulieren, sondern einen unabschließbaren Prozess der Selbstoptimierung in Gang zu setzen. Heute formen Feedback und Transparenz zentrale Werkzeuge für Kindergarten, Schule, Konsum und Unternehmen.

»I'm looking forward to exorcising my own idiot on a sunny afternoon.« Diedrich Diederichsen

HANS-CHRISTIAN DANY, geboren 1966, lebt als Künstler in Hamburg schon lange im Urlaub von dem, was er tun soll. Wie viele, die nicht wissen, wohin mit sich, schreibt er. Manchmal werden daraus Bücher. Bei Edition Nautilus erschienen *Speed. Eine Gesellschaft auf Droge* (2008, Neuauflage 2012), *Schneller als die Sonne. Aus dem rasenden Stillstand in eine unbekannte Zukunft* (2015), *MA-1. Mode und Uniform* (2018) und *Schuld war mein Hobby. Bilanz einer Familie* (2024).

HANS-CHRISTIAN DANY
MORGEN WERDE ICH IDIOT
KYBERNETIK UND KONTROLLGESELLSCHAFT

NAUTILUS FLUGSCHRIFT

Edition Nautilus GmbH

Schützenstraße 49 a

22761 Hamburg

www.edition-nautilus.de

Alle Rechte vorbehalten

© Edition Nautilus 2013

Originalveröffentlichung

Erstausgabe August 2013

Umschlaggestaltung: Maja Bechert

www.majabechert.de

Porträt des Autors S. 2: © privat

Druck und Bindung:

CPI – Clausen & Bosse, Leck

4. Auflage Februar 2024

ISBN 978-3-89401-784-2

Wenn mein Großvater glaubte, seine Frau würde mich zu sehr verwöhnen, begann er, von seiner Kindheit zu erzählen: Er hätte kein eigenes Bett gehabt und musste in einer Kohlenkiste schlafen. Zum Essen gab es kalte Suppe mit trocken Brot. Geriet er in den Verdacht kleinster Vergehen, erwarteten ihn harte Strafen. Sein Vater arbeitete im Gefängnis, was es leicht machte, sich all das vorzustellen.

Dass es sich komplexer verhielt, entpuppte sich erst, als mein Großvater, den wir nur Nonno nennen durften, mich eines Tages auf einen besonderen Ausflug mitnahm. Wir fuhren mit der S-Bahn Richtung Stadtrand, dabei erzählte er mir von der Kybernetik, einer Wissenschaft, die sich mit den Systemen der Steuerung in Lebewesen und Maschinen beschäftigt. An der letzten Station stiegen wir in den Bus. Unser Ziel lag in einem gerade eingeweihten Neubauviertel. Nonno ging so schnell, dass ihm fast der Elbsegler vom Kopf flog. Im Laufschritt versuchte ich hinterherzukommen. An der Kreuzung zweier schnurgerader Asphaltbahnen, die zwischen roten Backsteinquadern hindurchführten, fanden wir es. Nachdem wir eine Minute wortlos vor dem Straßenschild gestanden hatten, fragte ich, warum die Straße nach dem Urgroßvater benannt worden war.

Als Jurist hatte er nach dem Ersten Weltkrieg mit zwei Psychologen eine neue Art von Gefängnis für Jugendliche erfunden. Es lag auf einer Insel im Fluss, kurz hinter dem Hafen in Richtung Meer. Die drei hätten das damals noch übliche Sprechverbot aufgehoben und die körperliche Züchtigung abgeschafft. Annahme ihres Modells war: Niemand wird als Krimineller geboren, sondern von den Umständen auf Abwege gebracht und lässt sich somit auch wieder zurückholen. An die Stelle von Strafe traten Erziehung, Beobachtung und Wiedereingliederung. Ab einem bestimmten Punkt konnten die Gefangenen der Anstalt hinein- und hinausgehen, wie sie es für richtig hielten, für die Gesellschaft und sich selbst.

Die Vorstellung der Besserung durch Gefängnis war nicht neu. Heilende Zuchthäuser gab es schon seit dem Mittelalter. Durch Experimente wie das auf der Insel, die zu einem der Prototypen des spätmodernen Strafvollzugs werden sollte, begann sich die Einschließung aber von der Disziplinarmaßnahme zum Konzept der offenen Kontrolle zu wandeln. 1920 griff das seiner Zeit weit voraus.

Da meine Familie zu Erfindungen neigt, war ich nicht wirklich überrascht, dass neben Geldkatzen, Sägemaschinen oder Schokoladenmischungen auch Gefängnismethoden erfunden wurden. Eines wunderte mich aber.

Und ich wollte Nonno fragen, warum er als Sohn eines milden Gefängnisreformers so streng und karg erzogen wurde? Nonno rannte aber schon wieder zurück zum Bus. Da sich auch später keine Gelegenheit ergab, wurde die Frage in meinem Kopf allein gelassen. Vielleicht, dachte ich, fehlten einem Gefängnisleiter der weichen Welle nach Feierabend einfach die Nerven, um auch noch die eigenen Kinder milde und großzügig zu erziehen.

Jahre später, als ich in Büchern über die asketischen Tendenzen einiger Modernisten las, kam mir der Gedanke: Könnte es sich bei dem bescheidenen Essen um eine Diät gehandelt haben? Am Bauhaus aßen sie zu der Zeit auch nur ein sprödes Mus aus gestampftem Gemüse, und Designer bauten konstruktive Möbel aus Dachlatten, die wie Kohlenkisten aussahen. Warum sollte es bei Gefängnisavantgardisten kurz nach dem Krieg anders ausgesehen haben? Dass mein Urgroßvater, der aus einfachen Verhältnissen kam, sich nur langsam an einen gewissen Wohlstand der Beamtenlaufbahn gewöhnen konnte, verstand ich erst sehr viel später.

Nach dem für einiges Aufsehen sorgenden Projekt der Gefängnisinsel sollte mein Urgroßvater, der als Gerichtsschreiber begonnen hatte, Karriere machen und wurde Direktor eines größeren Gefängnisses, bis er 1933 fristlos entlassen wurde. In meiner Kindheit fuhren wir mit der Familie oft mit dem Auto daran vorbei, weil es auf dem Weg lag. Später tat ich dasselbe allein und tue es bis heute. Es ist eine der vielen Gewohnheiten, mit denen ich meine Nervosität beruhige.

Über meiner Vorstellung der weichen Kontrolle schwebten durch die offenen Enden der Geschichte des Urgroßvaters einige Fragezeichen. Die Schulzeit sollte ihre Schatten schärfen. In den siebziger Jahren regnete es Reformen. Lehrer probierten alles Mögliche. Wir sollten phantasievoller schreiben und bekamen Freigang von der Rechtschreibung. Statt in das Einmaleins führten sie uns in die Labyrinthe der Naiven Mengenlehre. Dazwischen zeichnete die sozialliberale Sachkunde die Welt weich. Obwohl ich keinen Satz fehlerfrei zu Papier bringen konnte, hielt ich schon als Zehnjähriger am Vormittag naseweise Referate über die logische Entwicklung von Schillers Räuber Karl Moor zu Ulrike Meinhof.

Am Nachmittag hörte ich aus dem Radio in militärischen Wendungen von Hochsicherheitstrakten, Spezialtruppen, Fahndung durch Raster und einem Staat, der sich nicht erpressen ließ. Man befand sich im Krieg mit denen, die ich noch vor ein paar Stunden in einen Theaterhimmel geredet hatte, wofür ich eine Eins bekam, um meine Sechs in der Rechtschreibung auszugleichen. In meinem Kopf tat sich ein Spalt auf. Dazwischen drehte ich mich verwirrt im Kreis, fragte, was dieser bipolare Staat eigentlich wollte?

Nach der Schule studierte ich Kunst. Die Moderne hatte aufgehört, modern zu sein. Was jetzt war, nannte sich postmodern und sah schon mal aus wie nachgemachtes Rokoko aus Entenhausen. Ich verstand es nicht, aber es ließ mir eine gewisse Freiheit. Nun gab es zumindest einen Überbau dafür, warum es egal sein sollte, was einer sagte oder tat, und dass auf eine Art alles ging. Unter Aufsicht bastelte ich Modelle versponnener Gegenwelten und legte Straßen aus toten Fischen. Sie formten mögliche Auswege aus einer Wirklichkeit, zu der ich keinen Eingang fand.

Zur Zwischenprüfung wurde die Aufgabe gestellt, unsere künstlerischen Ziele in einem Aufsatz zu formulieren. Nach der Schulzeit hatte ich beschlossen, das Schreiben zu lassen, und fasste mich kurz: Ich wolle wie die Menschen in Kalifornien werden und meine Wahrnehmung auf den Zeitraum eines Tages verkürzen. Gestern oder Morgen kämen nicht mehr vor. In solch einem auf das Heute beschränkten Leben müsste ich dann keine Kunst mehr fabrizieren und würde nur noch surfen.

Sollte es sich bei der Abschiedspostkarte aus dem Venice Beach meiner Gedanken um den Versuch gehandelt haben, mein Dagegen zu formulieren, hatte ich die Sache falsch angepackt. Die Prüfer lobten das Bekenntnis zur eigenen Subjektivität wie den Versuch, eine Form für das zwangsläufige Scheitern zu finden, und gaben mir eine gute Note.

Der Leiter der Anstalt, ein etwas kauziger, dabei nicht unsympathischer Kriegsversehrter mit Monokel und Glasauge, lud mich gleich zu einem Gespräch, weil ihn mein abweichender Ansatz und das positive Verhältnis zum Scheitern interessierte, wie er sich ausdrückte. Ich ging hin. In seinem Büro roch es nach Papier. Wohl aus der Neigung, einmal Berührtes bei sich zu behalten, trug er, was hineinkam, nicht mehr hinaus. Hüfthohe Haufen bildeten eine Selbstordnung, in der wir nun Filterkaffee tranken. Nach einem kurzen Pingpong der Worte blieb das Sprechen bei ihm: Er hätte nie den Plan gehabt, Präsident einer Kunsthochschule zu werden. Sein Wunsch sei gewesen, dafür sei er auch ausgebildet worden, ein Jugendgefängnis, am liebsten die JVA auf der Insel im Fluss, zu leiten. Doch dann hätten ihn die unabsehbaren Zufälle der Beamtenlaufbahn hierher geschwemmt. Mir trat der Schweiß auf die Stirn. Es brauchte nur noch ein paar Sätze, und ich wusste, was ich ahnte, der Leiter war ein Schüler meines Urgroßvaters, der nach dem Zweiten Weltkrieg reformierten Strafvollzug unterrichtet hatte.

Ein Kunsthochschul-Präsident, der zwischen Papierbergen davon träumte, eine Anstalt für reformierten Strafvollzug zu leiten, wirkte zu jener Zeit noch komisch. Dass es bald einen Aufschwung der offenen Kontrolle geben würde, der die human gemeinten Methoden der Reformpädagogik zu dem Zweck umdeutete, Menschen über ihre Subjektivität zu lenken, überstieg meine Vorstellungskraft. Was kommen sollte, zeichnete sich erst vage ab, den Begriff Kontrollgesellschaft gab es noch nicht. Ein paar spekulative Überlegungen fanden sich gerade mal in halbseidener Science-Fiction. In ihren preisgünstigen Taschenbüchern, die ich liebe, hatte ich auch meine ersten Begegnungen mit der Kybernetik oder dem Internet. Alles, was kommen würde, war zuerst Literatur. Ich verschlang sie und hätte viel über die Zukunft wissen können, aber ich las nicht, um das Außen zu verstehen, sondern um ihm zu entfliehen.

Die achtziger Jahre waren kaum aus den Kalendern verschwunden, als sich eine merkwürdige Vertrautheit in der Umgebung aufbaute. Wie sich die Welt da draußen nun zu organisieren begann, bewegte sich so eng entlang den literarischen Vorhersagen, die sich gerade noch so überdreht gelesen hatten, dass ich es zuerst nicht glauben konnte. Dass es nun tatsächlich wie in den Büchern unsichtbare Kriege und körperlosen Sex geben sollte, wirkte vollkommen unwirklich. Verstärkt wurde das Unglaubliche durch die Annahme einer Allgegenwart von Simulakren, welche als theoretisches Parfum noch in der Luft lagen.

Da ich von dem, was war, weg wollte, dachte ich, sag trotzdem lieber: Ja!, und ging der blühenden Technik entgegen. In einem Laden kaufte ich eine handliche Videokamera aus Japan. Der Umgang mit der kleinen Maschine nahm sich interessant aus, gestaltete mein Leben aber schleichend eintöniger. Sie lockte mich in eine Normalität, wo die nervöse Müdigkeit regierte.

Zeitgleich begannen die Methoden der Kontrollgesellschaft das tägliche Leben immer stärker zu durchdringen. Doch selbst als mein Vermieter mir fristlos kündigte, da mein Name nicht an der Tür stand, nahm ich die Veränderungen nicht sonderlich ernst. Aufmerksamkeit darauf zu verwenden, erschien mir albern. Schließlich kam ich aus einer postmodernen Wirklichkeit, wo alles egal gewesen war und ich mir tausend Methoden der Distanzierung von der Welt da draußen angeeignet hatte. Nur langsam begriff ich, dass jetzt die kühle Gleichgültigkeit einer Apparatur zu wirken begann, in deren technologischer Empfindsamkeit nichts mehr egal war, die sensibel auf alle Details reagierte, Verfeinerungen erfasste und aufmerksam tolerierte, solange sie sichtbar blieben.

Dass mein Urgroßvater, wenn auch ohne Vorsatz, ein Pionier dieser Kontrollgesellschaft gewesen war, verstand ich erst sehr viel später. Es passierte vor kurzem an einem sonnigen Tag. Ich lag am Rande eines Sees und las die *Deutschstunde* von Siegfried Lenz. Der Roman beginnt in einem Heim für schwer erziehbare Jugendliche. Es liegt auf dem Nachbareiland der Gefängnisinsel, von der ich als Kind gehört hatte. Die in Obhut Genommenen sollen auf den rechten Weg gebracht werden, träumen aber davon, richtige Kriminelle zu werden. Siggi

Jepsen, der Erzähler, muss einen Aufsatz über die Freuden der Pflicht schreiben. Im Klassenraum geht ihm gleich so viel durch den Kopf, dass er vor lauter Aufregung nichts zu Papier bringt und ein leeres Blatt abgibt.

Auf der Insel haben alle einen Psychologen. Siggis Beobachter greift angesichts des Ungeschriebenen zum Äußersten und schickt ihn in das Konzentrationszimmer. Isoliert soll er den Besinnungsaufsatz im zweiten Anlauf verfassen. Nachdem er eine Weile durch das Fenster auf die vorbeifließende Elbe geschaut hat, beginnt seine Hand, erste Sätze zu formulieren. Langsam versinkt der Stift in den Zusammenhängen, sinkt immer tiefer und schreibt das ganze Heft voll. Der Text steigt über seine Ufer. Wochenlang bleibt Siggi in dem Zimmer, weigert sich, es zu verlassen und füllt Seite um Seite, Heft um Heft. Er aalt sich in der Strafarbeit, aus den Heften wird ein Stapel. Die Freuden der Pflicht weiten sich aus in eine lange Selbstbeobachtung. Er erinnert sich an seine Kindheit im Schatten seines Vaters.

Als nördlichster Polizeiposten Deutschlands bekommt der Vater während des Zweiten Weltkriegs den Befehl, einem befreundeten Maler im Dorf das in Berlin beschlossene Malverbot zu überbringen und dessen Einhaltung zu überwachen. Der in der Pflicht aufgehende Vater beobachtet den Maler, der nicht mehr malen darf, nun bald Tag und Nacht. Der Maler wiederum sieht rund um die Uhr die Bilder, die nur noch in seinem Kopf entstehen, und beobachtet den Polizisten und dessen Sohn, der sich zu ihm flüchtet. Der Schreibende betrachtet den Psychologen, der ihm beim Schreiben zusieht. Ein Kreis schließt sich.

Über den Seiten war es kühl geworden. Ich rollte die Badesachen zusammen, ging nach Hause, legte mich aufs Bett und betrachtete die Sensationen an meiner Zimmerdecke. Am runden Rauchmelder verdrehen sich meine Gedanken in die Vorstellung einer runden Einschließungsarchitektur, die der Ideengeschichtler Michel Foucault in seinem Buch *Überwachen und Strafen* als Wendepunkt der Disziplinargesellschaften untersucht.

Erdacht worden war das funktional-phantastische Gebäude von dem Philosophen und Sozialreformer Jeremy Bentham in der zweiten Hälfte des 18. Jahrhunderts. In der Mitte der Beobachtungsmaschinerie steht ein von breiten Fenstern in alle Richtungen durchbrochener Turm. Fenster eröffnen die Sicht auf ein ihn kreisförmig umschließendes Gebäude. Dessen Grundriss ordnet die sich von außen nach innen verjüngenden Zellen zu einem Strahlenkranz. Jede davon öffnet sich durch ein Fenster zum Sonnenlicht und durch eine Gitterwand zum Turm der Wärter. Die Architektur formt Dutzende durchleuchteter Theater, in ihnen sind die Gefangenen die Darsteller, denen das Publikum der Wärter zusieht.

Benthams imaginäres Modell des »Panopticon« bildet den Vorläufer des zukünftigen Gefängnisses, das erst

Jahre später tatsächlich gebaut werden sollte. Der Gang der Gefangenen aus dem Dunkel des Kerkers in das Licht der modernen Zelle, wo sie Anfang des 19. Jahrhunderts sichtbar werden, wurde, wie so viele Albträume der Architektur, zuerst in der Phantasie eines Schreibenden beschritten. Sein Opticon des Traumgottes Pan spinnt Bentham in einen Gesellschaftsentwurf weiter: Allgegenwärtige Beobachtung soll den Fleiß der Bevölkerung steigern. Dem Mitbegründer des Liberalismus, einem der ersten Vertreter der Tier-, Frauen- und Homosexuellenrechte, schwebt eine lückenlose Sichtbarkeit aller Teile der Gesellschaft vor. Verstecktes, Verdunkeltes und Untergründiges soll ins Licht gerückt werden. Es wird toleriert und geduldet, um Durchsicht herzustellen. Das liberale Modell verschränkt sich mit dem der vollständigen Sichtbarkeit und Transparenz. Bentham geht davon aus, die Arbeitskraft der Bevölkerung ließe sich steigern, wenn der Blick der herrschenden Ordnung bis in den letzten Winkel der Gesellschaft eindringen kann. Beim Zugriff auf das Durchdrungene sollen die Vertreter der Autorität zudem auf abrupte, gewalttätige Verfahren verzichten. Die Beobachteten sollen Vertrauen fassen und sich nicht unnötig irritiert fühlen.

Ich versuche, mich zu erinnern, wann mich die Agenten der Autorität das letzte Mal erschreckt haben. Da mir keine Antwort einfällt, außer, dass zum Unheimlichen in der Kontrollgesellschaft gehört, wie wenig bedrohlich sie oft wirkt, sinke ich in das dunkle Loch des Schlafes.

Eine Zeitlang geht es jäh bergab, bis ich in einem Tim&Struppi-farbenen Szenario mit zwei Frauen in pechschwarzen Anzügen von Helmut Lang wieder nach oben fliege. Sie entführen mich in einem rot-weiß gestreiften Sportflugzeug. Wir landen auf einer dicht bewachsenen Insel. Während meiner Gefangenschaft im Urwald erzählen mir meine Kidnapperinnen am Lagerfeuer, sie seien Mitglieder einer kybernetischen Befreiungsbewegung. Ansonsten ist die Luft dick, feucht, dampfig und satt vom Duft tropischer Orchideen in voller Blüte. Zuerst bekomme ich eine Magen-Darm-Infektion, anschließend ein Stockholm-Syndrom und beginne, mich mit meinen Entführerinnen zu identifizieren.

Die andere Geisel in unserem Zelt will nur weg und klopft die ganze Zeit morseähnliche Rhythmen. Entnervt verlasse ich das Lager. Auf dem Spaziergang entdecke ich an einem Strand die Kybernetik. Es ist ein am falschen Verständnis aufgelaufenes Schiff, in dessen Rumpf ich tausend schöne Perlen finde, die sich zu faszinierenden Ketten auffädeln lassen. Mit einem Messer ritze ich in den Schiffslack: Was beim Segeln zählt, ist der scheinbare Wind.

Verstört wache ich auf von meinem Kratzen und wundere mich über Pan, den Walddämon mit struppigem Haar, Hörnern und Bocksfüßen. Es ist vermutlich vier Uhr. Langsam hebe ich den Oberkörper. Über den leeren, von den Lichtern der Nacht erhellten Horizont meiner Fensterbank schieben sich die oberen Stockwerke eines Hauses in mein Gesichtsfeld. Wenn ich liege, sehe ich es nicht – sichtbar wird es erst, wenn ich mich aufrichte. Das Haus wurde vor wenigen Wochen bezogen. Daran gewöhnt habe ich mich noch nicht. Es ist ein Haus zum Arbeiten. Ein Arbeitshaus. Mit einem elegant-strengen Ornament aus Lichtquadraten thront es über einem zu seinen Füßen liegenden Vergnügungsviertel.

Das Haus stapelt sich auf aus gläsernen Schachteln, in denen je eine Person arbeitet. Sein transparentes, dabei schweres Raster aus Zellen hat den Charme von dreidimensionalem Rechenpapier mit Linien aus Stahl. Originell hat der Architekt, um die langwierig geraden, etwas zu dick geratenen Linien aufzulockern, das ganze Gefüge zweimal gefaltet – mit einem flachen Knick, wie er bei einem Papierflugzeug zu einer leichten Schräge führt.

Mir gefällt an dem Haus, wie es einen Gedanken darstellt: In seiner kariert tänzelnden Durchsicht funktioniert es wie ein umgekehrtes Panopticon. Das Licht strahlt nun von innen nach außen, und auch der Blick geht in die entgegengesetzte Richtung. Von der belebten Straße kann selbst ein ungeübtes Auge erkennen, ob sich die Frau im fünften Stock gerade an ihrem Arbeitsplatz müde hängenlässt oder die Information sendet: Sie arbeitet hart. Wir, die Passanten, sind jetzt die Wärter und das Publikum. Dabei wird man unfreiwillig zum Beobachter. Niemand fragt, ob ich das sehen will.

Durch das Fenster meiner Wohnung, die fast zwei Kilometer von dem Arbeitshaus entfernt liegt, kann ich in der Nacht nur wenig erkennen. Im siebten Stock brennt noch Licht. Der Rest drängt sich meiner Vorstellung auf: Eine mondsüchtige Euphorie der Schemen, die da gerade ein aufregendes Projekt entwickeln, schleicht in meine Schlaflosigkeit, während sich die Lichter der vorbeifahrenden Autos auf der schräg nach vorn geknickten Fassade wie zu einem Feuerwerk spiegeln.

Das imaginäre Gefängnis aus der Zeit der Aufklärung nahm vorweg, was heute große Teile des Lebens durch psychologische Gestaltung steuert und dabei oft nicht einmal mehr der Architektur bedarf. In einer durchsichtigen Umgebung glauben alle, sie würden gesehen. Durch ihre ständige Mutmaßung wird die reale Aufmerksamkeit oft gar nicht mehr benötigt. Dafür präsentieren sich die Auftretenden immer öfter als das, von dem sie annehmen, die vermuteten Blicke würden es erwarten. Beobachtet wird selten der Einzelne. Die ins Ganze ausgedehnte Fortsetzung des Gefängnisses haushaltet mit ihrer Aufmerksamkeit. Trifft einen der Blick der weichen Kontrolle, braucht man das nicht persönlich zu nehmen. Meist stellt jeder nur einen von vielen in den größeren Bewegungen dar, welche zu Wandlungen führen, die erfasst werden, um auf sie zu reagieren.

Revolution als weißer Laden

Gegen die Kälte ziehe ich die Decke ein wenig fester über den Kopf. Obwohl immer noch bettschwer, kann ich nicht mehr schlafen. In meinen Gedanken betrete ich nochmals einen Laden, in dem ich vor einigen Tagen gewesen war. Im überstrahlten Weiß ohne den geringsten Schatten riecht es nach erwärmtem Plastik. Durch kleine Löcher in den Apparaten höre ich Stimmen. Sie kommentieren alles, was sich bewegt. Meist kommen sie zu dem Schluss, es bewegt sich, weil sich die Apparate weiterentwickeln. Einer von ihnen wird ein bisschen schneller, um eine weitere Funktion erweitert oder die Benutzer können mit ihm etwas tun, was man ihnen schon seit zwanzig Jahren verspricht.

Eine Stimme aus den Löchern sagt trotzdem selbstbewusst, der nächste Apparat macht dich noch aktiver. Aus Gewohnheit drücke ich die neuen Knöpfe. Die Auswirkung dreht mich langsam im Kreis und formt einen Sog, der mich auf die Höhe der Zeit heben soll. Dort angekommen sagt die Stimme, ein bisschen leiser, hier sei immer noch die digitale Revolution.

Aber was soll ich mit einer Revolution anfangen, in der die Kinder nach dreißig Jahren immer noch mit R2-D2 spielen und der niedlichste aller Roboter weiter als Sklave dient?

Die Stimmen aus den Löchern schweigen. Selbst die Erzähler in den Apparaten müssen sich inzwischen eingestehen, die Behauptung, digitale Technologie verändere die Verhältnisse, überzeugt nicht mehr, der Glanz ihrer Behauptungen ist schon lange stumpf. Um die Spannung wieder zu steigern, führen die Apparate nun geheimnisvollere Revolutionen vor. Sie sollen in der Wirklichkeit stattfinden, würden aber digital organisiert.

Aus mitteleuropäischer Perspektive finden die neuen Revolutionen immer woanders statt. Die Aufständischen in der Ferne wollen Demokratie und ein Leben auf der Höhe der Zeit. Wir, die Beobachter, verstehen das, weil die Demokratie hier auch weniger wird. Erstaunlich viele bilden sich auf das Mehr an Demokratie aber immer noch viel ein. Sie nennen das Verbliebene Postdemokratie. Der Restposten des Glaubensartikels funktioniert wie süße Limo. Im gedämpft nachdemokratischen Licht werden die Annehmlichkeiten aufgesaugt, ansonsten kleben alle sehr an sich selbst.

Seriendrucker schicken einem regelmäßig Briefe ins Haus. Ihre Anschreiben meinen einen nicht, obwohl der Name auf dem Umschlag steht. Sie fordern dazu auf, zur Wahl zu gehen. Am Stichtag wundere ich mich, wie viele Menschen das institutionelle Beige des Wahlbüros gegenüber meiner Wohnung betreten, um Kandidaten ihre Stimme zu geben, die behaupten, sie könnten sich keine politischen Entscheidungen mehr leisten. Die bekennenden Bankrotteure des Politischen zu wählen, käme mir vor, als würde ich nachts in ein geschlossenes Restaurant einbrechen, um auf den entlassenen Kellner zu warten.

Mittlerweile schwimmen die taufeuchten Baumspitzen vor dem Fenster im lauen Blau zwischen dem Dunkel der Nacht und dem Hell der aufgehenden Sonne. Was soll ich mit Gedanken anfangen, in denen ich allein bleibe und wo das Innen enger wird, während die Umgebung weiter abrückt? Der Zug des Denkens bleibt für einen Moment auf freier Strecke stehen. Ich starre Löcher in die kalte Stille des frühen Morgens. Man kann das machen, das Gefühl der Leere führt einen aber nirgendwo hin. Auch Zynismus verbraucht sich schnell. Ausschreitungen der Wut spielen dem postdemokratischen Theater die Pointen in die Hände. Seine Dramaturgie hat gelernt, die Kritik und alle Formen des Dagegen in ihre Ordnung einzubeziehen. Überhaupt scheint es ziemlich egal, was kommuniziert wird. Es kommt darauf an, dass möglichst viele Menschen Informationen senden und empfangen. Zeitnah sollen sich alle über ihr Handeln, ihre Wünsche oder ihr Unbehagen mitteilen. Oder darüber, wie sie Arbeit, Miteinander, Verbrauch und Information organisieren. Das Ineinander von Wesen, Dingen und ihren Verhältnissen bildet eine Oberfläche transparenter Punkte, die zusammenfasst, wer sie sind, was ihnen gefällt, wie ihre Gefühlsströmungen gerade fließen, was sie verbrauchen oder wovon sie sich abwenden. Obwohl die Mehrheit es tut, und ich als einer von ihr, entsteht in der endlosen Verhandlung keine gemeinsame Sprache, es sammeln sich gerade mal funktionale Oberbegriffe und Koordinaten. Sie sind leichter zu steuern als eine allzu komplexe Sprache.

Die Muster dessen, was massenhaft zur Aussage kommt, bilden die Grundlage für Karten. Es sind Aufsichten eines Geländes, in dem die Konflikte durch Sichtbarkeit und Benennung neutralisiert werden. Bewegungen sollen erkannt werden, seltener, um sie zu stoppen, als meist, um sie zu erleichtern und zu beschleunigen. Was dabei an Begriffsbildungen abfällt, dient weniger dazu, sich zu verständigen oder einen Widerstreit zu formulieren, als statistische Beobachtungsreihen zu konstruieren. Mit ihnen lassen sich Kurven und Winkel zeichnen, die es den Maschinen erlauben, das Gefüge optimaler zu organisieren. Ständig fordern sie dazu auf, das, womit versucht wird, das eigene Leben in den Griff zu bekommen, zu benennen. Derartige Aufforderungen treten meist diskret und frei von Pedanterie auf: ein kleiner Fragebogen hier, eine Rückmeldung dort, Lückentests mit Angaben zur Person, dazwischen eine Selbsteinschätzung zum Ankreuzen oder eine Suchanfrage an das Netz. Gerät man in andere Teile der Maschinerie, werden die Fragen direkter, unfreundlicher, man wird von den Maschinisten mit höflicher Brutalität ausgezogen und die Psyche angefressen.

Die sich ständig aktualisierenden Informationen dienen der Steuerung, die gebündelten Intensitäten zu lenken, Kanalisierungen entsprechend der auftretenden Volumen anzulegen, Widerstände zu positionieren und Wirkungsgefüge auszurichten. Oft muss gar nicht mehr viel getan werden, tut sich die Organisation wie von selbst, so als ob Teile der regelnden Maschine, die ständig von ihren menschlichen Agenten auf den neusten Stand gebracht werden, in die Körper der Menschen eingedrungen wären. Ihre Regelkreisläufe, welche die Elemente, aus denen sich das System Gesellschaft zusammensetzt, durchziehen, ähneln kybernetischen Mechanismen. Sie formen einen Wiedergänger, der erklären könnte, warum eine Ordnung, die schon längst am Ende war, weiterhin relativ aufrecht geht und uns in seltsam gefangene Wesen verwandelt.

Der kybernetische Zombie

Gibt man einem Zombie Salz, geht er zurück ins Grab. Die Linie von der totgeglaubten Kybernetik zur Kontrollgesellschaft scheint durch die für beide zentrale Funktion der Kontrolle auf der Hand zu liegen. Trotzdem wurde die Entwicklung von der älteren kybernetischen zu der jüngeren kontrollgesellschaftlichen Organisation des Lebens durch Kommunikation kaum untersucht. Scheint sie so selbstverständlich, dass sie kaum noch wahrgenommen wird? Oder gibt es sie vielleicht gar nicht? Bilde ich mir das alles nur ein?

Langsam steige ich in den Bauch der Maschine. Kontrolle leitet sich vom französischen contre-rôle, der Gegenrolle oder dem Gegenregister ab. Es bezeichnet eine Rolle oder ein Rädchen, ein passgenaues Gegenstück, welches zur Überprüfung verwendet wird. Eine Form tastet ab oder ein Register prüft, ob die Muster sich fügen.

Während ich das aus der Espresso-Maschine gehobene Sieb ausschlage, frage ich mich beim Anblick der kreisrunden, verbrauchten Pille, die das aufsteigende Wasser zur Negativform des Einsatzes gehärtet hat, ob es wirklich an einem Ineinander solch passgenauer Gegenstücke liegt, dass ich oft das Gefühl habe, nicht das Leben zu leben, das ich leben möchte, und dass sich das, was ich stattdessen tue, so oft wie unter einer Glocke anfühlt? Warum die Möglichkeiten und Fluchtwege, die sich aus diesem abgedämpften Leben andeuten, sich immer wieder verschließen? Warum die Nicht-Politik der Regierungen und Anti-Ökonomien der Gegenwart, ihrer gewissen Lächerlichkeit zum Trotz, so stabil wirken? Warum es so schwerfällt, eine andere Zukunft zu denken, und sich der Stillstand wie von selbst tut? Warum ich ständig das Gefühl habe, mir bei dem zuzusehen, was ich tue?

Merkwürdig an der Annahme einer Verbindung scheint, dass die goldenen Jahre der Kybernetik, die Zeit, in der sie Teil eines öffentlichen Gesprächs war, schon Mitte der siebziger Jahre zu Ende ging. In den vergangenen Jahrzehnten tauchte die Steuerungslehre meist nur noch in der Wissenschaftsgeschichte oder als entleertes Attribut *cyber* auf. Sie scheint gerade mal ein Echo aus der Vergangenheit, mag sich seit Jüngstem auch ein gewisses Comeback andeuten. Sollte es um die kybernetische Wirksamkeit gegenläufig bestellt sein? Hatte sich die Theorie von einem Thema der Nachkriegszeit zu etwas Unterschwelligem, im Verborgenen Wirkenden gewandelt? Ließ sie diese Unsichtbarkeit sogar noch wirksamer werden? Oder hat sie sich einfach nur in Folgewissenschaften wie die Systemtheorie, den Radikalen Konstruktivismus oder die Hirnforschung und zahllose Anwendungen aufgefächert?

Sprachlich scheint die Ableitung der kontrollgesellschaftlichen Methoden aus der Kybernetik auch auf den zweiten Blick alles andere als abwegig. Im griechischen Ursprung bezeichnet *kybernētēs* zunächst die Kunst und Technik des Steuermanns oder Lotsen. Im Lateinischen wandelt sich der Begriff zum *gubernator*, aus dem im Englischen der *governor* wird. Die Bedeutung bewegt sich von der Seefahrt zur Regierung. Platon führt den Begriff in die Philosophie ein und der Apostel Paulus in die christliche Religion. Dann passiert zweitausend Jahre wenig. Erst nach dem Zweiten Weltkrieg wird die Kybernetik, als Wissenschaft der Kommunikation und Kontrolle, aus der Taufe gehoben. Sie befasst sich mit der Regelung und der Informationsübertragung in Lebewesen und Maschinen. Ihr Auftritt würfelt die Vorstellungen von der Welt durcheinander. Was bisher als lineare Abfolge von Ursache und Wirkung galt – etwas ist dreckig, wird gewaschen und ist sauber –, wird nun als Aufeinanderfolge kreisförmiger Operationen betrachtet: A wandelt sich zu Zustand B, B wandelt sich zu C, B kann aber auch auf A wirken, und A sogar A wandeln oder B auf sich selbst wirken. Wird weiße, schwarze und farbige Wäsche zusammen gewaschen, wird alles langsam grau. Die weiße wird von der schwarzen Wäsche dunkler gefärbt und die helle saugt dem Dunklen die Farben aus, während das Bunte seine Leuchtkraft zwischen den beiden Nichtfarben verliert.

Durch die Erkenntnis, dass B nun nicht mehr einfach nur aus A resultiert, sondern verschiedene Wirkungen kreisförmig ineinandergreifen, werden die Zusammenhänge vielfältiger und reicher. Doch lineare Ursache-Wirkungen waren noch einfacher zu erfassen als kreiskausale Wirkungsgewebe, weshalb durch die erweiterte Weltsicht auch die Aufmerksamkeit für die Kontrolle steigt.

Der kybernetische Blick auf die Welt interessiert sich weniger dafür, was die Dinge sind, als für das, was sie tun. Er fragt nach Verhältnissen, Unterschieden, deren Wandel, den Möglichkeiten des Zugriffs darauf. Rückkopplungen tasten die Wandlungen mithilfe der Übersetzung in Information ab. Eine ihrer vertrautesten Anwendungen findet sich im Heizungsthermostat. Als Automat, der Variable innerhalb gesetzter Grenzen hält, tritt der Thermostat an die Stelle der Hände, reguliert nun die

Aufrechterhaltung einer Konstante. Rückkopplungen vergleichen die gegebene Raumtemperatur mit der gewünschten. Wird der Raum wärmer oder kälter als programmiert, informiert ein Fühler über die Abweichung. Der Regler gleicht die Temperatur an den Sollwert wieder an, koppelt ihn negativ rück. Automatische Regulierung soll das Leben erleichtern – eine Leichtigkeit, die auf der Setzung einer Norm aufbaut, während die Abweichungen nach Hindernis klingen. Es ist eine Leichtigkeit, welche die Dinge ein wenig in die Ferne rückt und fremder werden lässt.

Nicht nur in Apparaten, auch in Lebewesen wirken Rückkopplungen. Sie ermöglichen Verhalten wie den aufrechten Gang. Der ist, ähnlich den meisten Gleichgewichtszuständen, keine Gegebenheit, sondern das Ergebnis andauernder Ausgleichsvorgänge. Nerven und Muskeln koppeln sich ständig mit der Wahrnehmung rück, um das Fallen des Körpers zu verhindern. Der Körper fällt nicht um, weil er sich über seine schiefen Lagen informiert.

Angriff auf die Zukunft

Beschleunigt wird der Aufbau des wissenschaftlichen Gedankengebäudes, mit dem all diese Phänomene oder Mechanismen fassbarer werden, durch militärische Interessen. Der Abschuss feindlicher Bomber stellt die Flugabwehr vor ähnliche Probleme, wie die Jägerin sie bei der Jagd auf Enten hat. Zielt sie dorthin, wo sie die Ente sieht, geht der Schuss daneben. Die Ente fliegt weiter, bevor die Kugel sie erreicht. Die Jägerin muss vor das Ziel schießen und den Weiterflug der Ente abschätzen.

Am Massachusetts Institute of Technology in Boston denkt im Zweiten Weltkrieg ein ballistisch erfahrener Mathematiker darüber nach, ob sich nahe Zukunft vorausberechnen lässt. Der Kurzsichtige arbeitet an der Frage im eigenen Auftrag. Er setzt fort, was ihn sowieso beschäftigt, denkt es aber nun in Hinblick auf eine militärische Anwendung weiter. Durch seine schwachen Augen wehrdienstuntauglich, will er die Mobilmachung an der Heimatfront unterstützen. Eine der großen kommenden Herausforderungen erkennt er in der Rolle der Flugabwehr bei der Luftschlacht um England. Um die Flak zu verbessern, verbindet er das geometrische Problem des Schusswinkels auf ein sich bewegendes Ziel mit dem der Wahrscheinlichkeitsrechnung. Mathematische Kurven, deren spekulatives Potenzial er bisher nur theoretisch an der Flugbahn von Bienen oder dem Gang eines Betrunkenen erprobt hatte, bekommen jetzt eine konkrete Funktion.

Norbert Wiener vermutet, die wahrscheinliche Position eines Flugzeugs in der Zukunft ließe sich ermitteln, indem möglichst viele Informationen über die bisherige Bewegung in eine Zeitreihe übersetzt werden. Die Fortsetzung dessen, was bisher geschah, soll als statistischer

Trend auf einer Kurve errechnet werden. Wieners Vorstellung eines mathematischen Angriffs auf die Zukunft überzeugt die Verantwortlichen bei der US Army. Sein Plan einer automatisierten Vorhersagerechnung wird ein unter Geheimhaltung gestelltes Projekt, das er nun mit einem Team aus Ingenieuren mit hohem Tempo weitertreibt.

Das etwas verschrobene Wunderkind im Erwachsenenalter steht durch die ständige Nichtanerkennung seines Vaters zusätzlich unter Druck. Um die langen, mit Statistik erfüllten Nächte durcharbeiten zu können, beginnt der Mittvierziger, Drogen zu nehmen. Auf Speed taucht Wiener hellwach ein in die mathematischen Verhältnisse. Ein Gemurmel der Ziffern erhebt sich, statistische Kurven zeichnen sich schärfer. Die Verbindung zahlt sich aus, bis Wiener in Konflikt mit einer Nebenwirkung gerät: Das Aufputschmittel zersetzt seine Fähigkeit, Geheimnisse zu wahren. Der vom Amphetamin Redselige muss die Finger davon lassen, damit er nicht gleich jedem von seinem Vorhersageautomaten erzählt.

Was eine Waffe werden soll, scheitert aber nicht am Verzicht auf Speed, sondern an einer Kinderkrankheit der Automatisierung. Wiener muss feststellen, mit den vorhandenen Rechenmaschinen sind für die Kalkulation der genauen Position des Feindes noch keine Leistungen möglich, die schneller als der Mensch wären. Die US Army stellt das Projekt ein.

Seine Erkenntnisse trägt er in einem Aufsatz zusammen, dessen hektographierte Kopien unter dem Spitznamen »Die gelbe Gefahr« als Standardwerk militärischer Informationstheorie in Ost und West jahrelang von Hand zu Hand gehen. Seine »Kriegsarbeit«, wie Wiener das Projekt des Vorhersageautomaten und »Die gelbe Gefahr« in seinen Memoiren nennt, bedeutet einen großen Entwicklungssprung für die zukünftige Kybernetik. Das Militär förderte diese, wie zahllose weitere wissenschaftliche Entwicklungen, die eine Verbesserung der Kriegsmaschine versprechen. Als Auftraggeber trägt es wenig bei, versucht aber möglichst viel mitzunehmen, um auf einem gut eingerittenen Pferd ins Rennen zu gehen. An der entstehenden Kybernetik haftet dadurch der Stallgeruch des Krieges. Die begonnene Beziehung sollte sich bald fortsetzen. Kybernetische Theorien bilden wenige Jahre später die Grundlagen für Informationsnetze und Strategiebaukästen im Kalten Krieg.

Trotzdem scheint es verkürzt, die Kybernetik allein als Kriegswissenschaft abzutun und die durch sie ermöglichte Erweiterung des menschlichen Gesichtsfeldes vom Tisch zu wischen. Ihr komplexes Gebilde baut auf viele Jahrzehnte ziviler Mathematik auf und wird später in dieser fortgeführt. Bei genauerem Hinsehen zeigt sich das militärische Interesse eher als der erste einer Reihe von Parasiten, welche die Kybernetik als Wirtsorganismus nutzten.

Sprich klar und deutlich

Die im Zuge der protokybernetischen Anwendungen entstehende Informationstheorie beschäftigt sich weniger damit, was Nachrichten besagen oder ob sie einen Sinn ergeben. Sie untersucht vielmehr, welche Kanalkapazität eine Übertragung benötigt, wie sich Sender und Empfänger zueinander verhalten oder wie das übertragene Signal auf störendes Rauschen reagiert. Informationen werden als Anzeige eines Musters verstanden und in einem größeren, statistisch geordneten Vorrat von Mustern aufbewahrt. Sender und Empfänger können die Muster durch Wiedererkennung abgleichen. Kommunikation kommt zustande, wenn beide Seiten über eine ausreichende Schnittmenge ihrer Zeichenvorräte verfügen. Der Empfänger gleicht das ihm zugesandte Muster mit dem entsprechenden Muster aus seinem Speicher ab. Um die Verbindungsmöglichkeiten, die Schnittmenge der Muster, erkennen zu können, sollen beide Seiten ihre Zeichenvorräte sichtbar halten. Eine Steuerung muss um den Zeichenvorrat der Elemente wissen, die sie steuern will. Die Transparenz wird benötigt, um die entsprechenden Muster mit den Steuerungsbefehlen adressieren zu können. Ist der Zeichenvorrat eines Elements nicht zu erkennen, kann die Steuerung nur auf gut Glück Muster ins Dunkel senden und hoffen, etwas passt übereinander. Der Aufwand erhöht sich und setzt große Mengen überflüssiger Daten frei.

Es findet sich viel Informationstheorie in der Systemarchitektur der Kontrollgesellschaft. Ihre Gesetzmäßigkeiten deuten aber auch Möglichkeiten an, um sich der Steuerung zu entziehen. Wer versucht, undurchsichtig, kommunikationsresistent und damit vielleicht autarker zu bleiben, spielt nicht mit offenen Karten, verweigert die Einsicht in den eigenen Zeichenvorrat, zieht sich zurück in die Verdunkelung. Neben der Verweigerung, die meist zu Aufmerksamkeit führt, gibt es die Möglichkeit zu bluffen, die Steuerung zu täuschen und Muster vorzuspiegeln, in deren hohler Illusion die zugesandten Steuerungsbefehle ins Leere laufen.

Aus Sicht der Steuerung ist es von Vorteil, wenn die zu steuernden Objekte möglichst wenig Zeichen deutlich verwenden, da die niedrige Komplexität den Aufwand ihrer Lenkung reduziert und die Verbindung stabilisiert. Manche Steuerungsingenieure entwickeln deshalb eine regelrechte Komplexitätsphobie, da sie befürchten, zu vielfältige Zeichenvorräte könnten nicht mehr ausreichend verbunden werden, um eine reibungslose Lenkung zu gewährleisten.

Eingeübt wird die Fähigkeit, sich schnell zu verbinden, um reibungsloser durch Kommunikation steuerbar zu sein, bei menschlichen Empfängern in der Kontrollgesellschaft schon mit Spielzeugen, welche die Anpassung an gegebene Zeichenvorräte vorbereiten. Verbinden sich die spielenden Kinder unter Verzicht auf das Erfinden von Abweichungen mit den abgesteckten Zeichenvorräten, werden sie durch Erreichen eines Ziels belohnt: Muster setzen sich zu vollständigen Bildern zusammen. Abweichungen, die Erfindung von Zeichen, die im gegebenen Vorrat nicht vorkommen, führen hingegen zum Stillstand der spielenden Bewegung. Die Teile passen nicht zusammen. Es geht nicht mehr weiter, bleibt stehen, führt in Sackgassen, das Muster franst aus. Verlassen der vorgegebenen Pfade wird mit Enttäuschung bestraft.

Auch viele Schulformen unterrichten heute eine solche geführte Verengung des Umgangs mit Zeichen. Der Ablauf, ein Parcours aus Lücken, bildet die pädagogische Weiterführung der Gegenregister der Kontrolle. An dieser dressierenden Stolperfalle finden Lego-Steine, die immer seltener dafür gedacht sind, sich zu selbst erfundenen Architekturen stecken zu lassen, sondern nach genauen Ablaufplänen zusammengefügt werden sollen, mit Lückentests und Computern zusammen. Was Lernen sein soll, implantiert die Koordinaten eines Netzwerks. Ein Verhalten, das Sprache als eine dauernde Neuerfindung von Zeichen begreift, wird abgewöhnt. Durch die geführte Wahrnehmung werden diejenigen, die sich an die gegebenen Zeichenvorräte halten, optimaler anschlussfähig. Derartige Einübung der Kommunikationsfähigkeit formt das Gegenteil der vielbeschworenen Kreativität. Schöpferische Möglichkeiten werden im Gegenteil in Grenzen gehalten, um die Freisetzung unnötiger Komplexität zu verhindern. Ihre Vielfalt würde die Abläufe verlangsamen. Eine Belastung des Systems, der schon im frühesten Stadium vorgebeugt werden soll.

Kreativität im hergebrachten Sinne birgt ein Potenzial von Widerständen innerhalb der Steuerung, weshalb sie vom semantischen Management umgedeutet wurde und in ihrem jetzigen, mit dem Industriellen verbundenen Verständnis eines produktiven Umgangs mit den Apparaten vor allem der Überproduktion dient: Kauf dir ein Gerät, um dich kreativ zu verwirklichen. Das Ergebnis des verdrehten Konzepts der Massenkreativität sind meist Wiederholungen, deren Muster im Zeichenvorrat schon reichlich vorhanden sind und sich ständig, leicht verändert, reproduzieren. Nicht selten ist es einfach leerlaufender Sondermüll, der keinen Gedanken an die menschlichen Möglichkeiten verschwendet und allein dem Systemerhalt dient.

Rauschunterdrückung

In Spielkasinos beobachte ich oft mit Neugier einen bestimmten Typ von Roulette-Spielern, die versuchen, in der Auflistung der vergangenen Spiele eine wiederkehrende Regelmäßigkeit in den Zahlen zu entdecken, aus der sie die kommenden Ergebnisse, die goldene Zahl, abzuleiten versuchen. Konzentriert starren sie auf die Listen, auf denen die vergangenen Positionen der Kugel Zahlenreihen bilden. Diese Art von Spielern, ich nenne sie »die Seher«, steigen sofort aus dem Spiel aus, wenn die Croupiers wechseln, da sich der Zustand des Systems grundlegend verändert und ihnen dadurch die mögliche Absehbarkeit entgleitet. Mir erschien die Methode der Seher lange Zeit als spekulativer Aberglaube, mittlerweile habe ich aber eine ganze Reihe von ihnen beobachtet, die ihre Wahrnehmung des scheinbar zufälligen Zusammentreffens von Kugel und Zahl oder des Gespanns aus Croupier und rotierendem, durchnummeriertem Strahlenkranz so weit verfeinert haben, dass ich diese Möglichkeit, zukünftige Wahrscheinlichkeiten aus dem Regelmaß der vergangenen Zufälligkeiten zu ermitteln, nicht mehr so leicht abtue.

Seine Vision, den Verlauf des Geschehens in mathematische Kurven zu übersetzen, welche durch die Analyse der Vergangenheit eine Vorhersage der nahen Zukunft berechnen kann, verfolgt Norbert Wiener nach dem Scheitern der automatisierten Flak weiter. Nun versucht er, das unentzifferbar erscheinende Rauschen als parallele Ausformung zur Information zu deuten. Er entwickelt Wellenfilter, mit denen er hofft, das Rauschen so weit zu unterdrücken, bis es sich als lesbare Kurve abbilden lässt. Die formlosen Störungen sollen, im Sinne der ursprünglichen Bedeutung des deutschen Wortes Rechnen, in Ordnung gebracht werden.

Wieners Anstrengungen, das Rauschen in den Griff zu bekommen, sind nicht allein seiner Sehnsucht nach Harmonie und Ordnung durch Form geschuldet, mag diese ihn auch immer wieder antreiben. In der Konfliktlage bildet sich eine zentrale Herausforderung der Informationstheorie ab, die der Regelung des Verhältnisses von Signal und Rauschen. Entscheidend für die Übertragung von Nachrichten ist, wie sich die unkontrollierbaren Schwankungen, die das Rauschen ergeben, zu den Nachrichtensignalen verhalten. Gelungene Kommunikation setzt voraus, das Rauschen in einem Ausmaß zu halten, das die Übermittlung nicht beeinträchtigt. Informationsschwund soll verhindert werden.

Der Angriff der Störung auf die Übertragung des Signals tritt als Funkelrauschen, Schrottrauschen oder Kontaktrauschen auf und hat viele Farben. Wiener beschäftigt in erster Linie das von thermischen Zufälligkeiten bestimmte Rauschen, welches aus dem Selbstklang der übertragenden Elemente rührt. Einem ähnlichen Rauschen begegnen Menschen oft schon als Kinder beim Horchen in die gedrehten Muscheln am Strand. Die Horchenden bemerken, dass nicht nur die Muscheln, sondern auch sie selbst rauschen. Während sie die Eingänge der nicht mehr bewohnten Gehäuse ganz fest an ihr Ohr drücken, um das darin Rauschende möglichst genau zu hören, verschließt der amorphe Trichter die horchende Öffnung. Der nun isolierte Gehöreindruck überlagert sich mit dem Eigenklang des Blutkreislaufs wie den Geräuschen des Körpers dessen, der horcht. Das Brummen seiner selbst kann als bedrängend, sogar unheimlich erlebt werden. Manchmal kommt noch anderes Getön dazu, was da in einem rauscht und nur schwerlich beschreibbaren Kreisläufen folgt. Nicht nur im menschlichen Körper kann dem Eigenrauschen etwas Unfassbares innewohnen, auch in den Apparaten bietet es eine gastfreundliche Sphäre für die Gespenster, jene Verlockungen ohne Gegenstück oder bekanntes Muster.

Der Eigenklang des durch die Zufälligkeit seiner thermischen Schwankungen Unkontrollierbaren tritt in analogen Verfahren, die das Übertragene in physikalischen Größen wiedergeben, gesättigter auf als in digitalen Verfahren, welche die Werte in Ziffern übersetzen. Aus der digitalen Erfassung, welche die Größen in Ziffern darstellen, lässt sich das Rauschen zudem leichter herausrechnen. Der an störungsfreier Übertragung und Kontrolle interessierte Wiener favorisiert deshalb die digitalen Verfahren, was sich später innerhalb der industriellen und gesellschaftlichen Entwicklung durchsetzen sollte. Ziffernbasierte Verfahren fügen sich zudem besser in die Annahme, dass das menschliche Gehirn rechnet, statt Werte in Größen darzustellen. Mit der Hinwendung zum vom Rauschen optimaler befreiten Digitalen wird die Grundlage dafür gelegt, dunkle, undurchsichtige Bereiche zu bereinigen und die Erscheinungen unkontrollierten Rauschens aus den Maschinen zu vertreiben.

Wieners pragmatische, am Zugriff der Steuerung interessierte Protokybernetik reduziert Komplexität, um Informationen möglichst klar zu übertragen. Es sind Methoden, um Vielfalt zu bewältigen. Was zu viel erscheint, wird aufgeteilt, heruntergebrochen, handhabbar, in kleinste Module zerlegt. Was für den Ablauf nicht notwendig erscheint, keine Information liefert, wird aussortiert. Es geht um Verringerung des Überflüssigen, die Aufklärung des Einblicks, die Filterung der Verhältnisse und der Sprache. Klarheit und Transparenz sollen es erlauben, jedes Element mit dem geringsten Aufwand anzusteuern. Für den Zugriff, die optimale Kontrolle von Abläufen, soll sich alles in Information verwandeln und dadurch lenkbar werden.

Fraglos gibt es in vielen Zusammenhängen Gründe, Informationen ohne Schwund zu übertragen, sich eindeutig zu verständigen und Komplexität zu reduzieren. Die Vertreter der Steuerungslehre entwickelten aber eine gewisse Betriebsblindheit für die zahllosen Übermittlungen, die außerhalb der Ordnung kristallklar übertragbarer Informationen operieren. Zudem verirrt sich der Informationsglaube bei manchen seiner Anhänger in eine verdrehte Übersteigerung des letzten Satzes in Ludwig Wittgensteins *Tractatus*: »Wovon man nicht sprechen kann, darüber muss man schweigen.« Aus ihm wird immer öfter ein: »Worüber man nicht sprechen kann, was sich nicht beschreiben lässt, soll aus den Abläufen verschwinden.«

Was funktioniert, ist gesund

Oft starre ich lange in die sich überlagernden, leicht schillernden Brauntöne der Kaffeetasse – ein bewegter Abgrund, in dessen Rauschen immer weitere Wirklichkeiten aufscheinen. Es sind flächige Eingänge in Zwischenräume. In ihnen liegen die Anfänge der Verlockung zu den Begierden, welche der bereinigte Durchblick abspenstig macht, um eine reibungslose Funktionalität zu gewährleisten.

Norbert Wiener verlocken solche Lücken kaum, ihn interessieren die Grenzen der Kontrolle. Nach dem Scheitern der automatisierten Flak, an der er vor allem mit Ingenieuren gearbeitet hatte, beginnt Wiener einen intensiven Dialog mit dem mexikanischen Neurophysiologen Arturo Rosenblueth. Dadurch wird er auf einen Lehrsatz aufmerksam, der besagt, aus der Pathologie eines Organs ließe sich viel über dessen normales Verhalten erfahren. Er überträgt die Definition der Medizin auf seine Beobachtung, dass die meisten technischen Rückkopplungen innerhalb eines bestimmten Radius funktional arbeiten, während sie bei größeren oder geringeren Belastungen schwankend bis unberechenbar verwirrt reagieren. Aus der angenommenen Ähnlichkeit entwickelt er eine »Pathologie der Rückkopplung«, vergleicht die Bereiche, in denen die Rückkopplung nicht mehr zuverlässig arbeitet, mit kranken Reaktionsmustern im menschlichen Organismus. Rosenblueth schlägt ihm als vergleichbares Phänomen den Intentionstremor vor, bei dem Patienten so zittern, dass sie oft nicht einmal mehr ein Wasserglas anheben können. Der Sitz dieser Krankheit liegt oft im Kleinhirn, das die willkürliche Muskeltätigkeit regelt. Aus dem, was er als »starke Ähnlichkeit« im maschinellen und organischen Außerhalb der Funktionalität, in diesen von ihm als Krankheiten betrachteten Phänomenen zu erkennen glaubt, leitet Wiener eine grundsätzliche Ähnlichkeit von Maschine und Mensch ab. Seine Theorie der Regelung von Mensch und Maschine baut auf der Annahme auf, der Teil der Maschine sei krank, in dem die Funktion der Rückkopplung nicht mehr funktioniert.

Es sollte auch eine Krankheit sein, durch die das Geld auftaucht, mit der die Kybernetik überhaupt erst zu sich selbst findet. Die zwölfjährige Kate Macy kann schon seit einigen Monaten nicht mehr gehen. Als Ursache vermutet der Hausarzt eine Störung des Stoffwechsels, die er aber nicht genauer bestimmen kann. Um ihrer Tochter zu helfen, beginnt die besorgte Familie, eine berühmte New Yorker Kaufhaus-Dynastie, zu wissenschaftlichen Salons einzuladen. Die Zusammenkünfte werden so mondän und üppig ausgestattet, dass alle führenden Ärzte und Wissenschaftler der Stadt kommen, um die mysteriöse Krankheit des Mädchens zu besprechen. Schon nach wenigen Treffen entdecken sie den eher unauffälligen Mangel eines Enzyms. Nach dessen Substitution kann Kate kurze Zeit später wieder gehen. Sie funktioniert wieder. Die Geheilte gründet aus Dankbarkeit die nach ihrem Vater benannte Josiah Macy jr. Foundation, die sich der Förderung des wissenschaftlichen Gesprächs verschreibt.

1946 gelingt es Warren McCulloch, einem umtriebigen, an Systemwissenschaft interessierten Psychiater, die Stiftung für eine Reihe von Konferenzen zu protokybernetischen Fragen zu gewinnen. Dadurch eröffnet sich um Norbert Wieners Überlegungen ein diskursives Versuchsfeld, das es der entstehenden Wissenschaft erlaubt, sich eine Zeitlang an den Rändern der von industriellen und militärischen Ansprüchen geprägten Technowissenschaften zu bewegen. Bei den Zusammenkünften, die zuerst unter dem sperrigen Titel »Kreiskausal geschlossene und rückgekoppelte Mechanismen in biologischen und sozialen Systemen« (»Circular Casual, and Feedback Mechanisms in Biological and Social Systems«) abgehalten werden, versammeln sich die Avantgarden verschiedenster Fachrichtungen. Der interdisziplinäre Ansatz markiert einen radikalen Traditionsbruch. In seiner Konsequenz wird an der neuen, fächerübergreifenden Sprache, einer Einheitswissenschaft gearbeitet. In ihr sollen die Lernprozesse von Tintenfischen in ein Verhältnis zu technischen Schaltkreisen gesetzt werden, damit die Ähnlichkeiten von Servomechanismen und dem Kleinhirn zu Formeln finden. Die Weltsicht von Mathematikern verwebt sich mit der von Biologen, Neurologen oder Anthropologen. Obwohl sich die Fachrichtungen vielfältig verschränken, gilt die Mathematik gegenüber den anderen wissenschaftlichen Sprachen als überlegen. Nur mit ihrer präzisen Eleganz ließen sich die Ähnlichkeiten und das Ineinander von Biologie, Hirnforschung, Sprachwissenschaft oder Psychoanalyse in messerscharfe Aussagesätze fassen, die glatt wie ein Brancusi-Ei aus rostfreiem Stahl sein sollen.

Ding und Seele

Die sprechenden Messer schneiden metaphysische Gewissheiten in Stücke und verändern die Sicht der Welt. Unumstößliche Unterscheidungen, wie die zwischen Ding und Seele, Mechanik und Organismus oder totem und lebendigem Prozess, werden über den Haufen geworfen. Die Nervensysteme arbeiten in dem neuen Weltbild immer mehr wie Maschinen. Den Informationsgehalt der Rückkopplungen in Maschinen und Lebewesen beginnen die Forscher nun in derselben Einheit, in bit, zu messen, den Jas und Neins, die notwendig sind, um die Information zu übertragen. Die Analogie regt die Konstruktion von Prothesen an. Mechanik und Organismus verschmelzen durch die Übertragung von Informationen zu neuen Konzepten der Menschmaschine. Noch geht es aber weniger um Anwendungen als um Konzepte und Universalien einer verändert betrachteten Welt.

1947 tauft Norbert Wiener die neue Wissenschaft in seinem gleichnamigen Buch Kybernetik. Was einen Namen bekommt, ist weniger der Anfang als die Bündelung eines Geflechts aus Gedankensträngen, deren Ausläufer weit zurückreichen und sich in viele Richtungen ausbreiten. Im Zentrum der Lehre zieht das Feedback Kreise. Es sollte auch der Ausdruck Feedback werden, durch den die Kybernetik in die Umgangssprache fand.

Die Begriffskarriere beginnt mit einem Missverständnis. Der an den Macy-Konferenzen teilnehmende Gestaltpsychologe Kurt Lewin spricht kaum Englisch. Er missversteht das beobachtbare Modell des Feedback als ein übertragbares Konzept. Begeistert entwickelt er damit eine gruppendynamische Therapie-Methode. In der Hoffnung auf ein besseres gegenseitiges Verständnis fokussiert er das Miteinander und die Gemeinschaft auf das möglichst ungestörte Mitteilen von Informationen. A sendet ein Signal, das B empfängt, A und B können sich rückkoppeln. Funktioniert der Vorgang, heißt das Ergebnis gelungene Kommunikation.

Lewin gelingt es, in zahllosen Vorträgen Tausende zukünftiger Sozialingenieure davon zu überzeugen, das Zusammenleben ließe sich ähnlich regulieren wie der Druck des Dampfkessels oder die Temperatur in den Zellen der modernen Wohnmaschine.

Die Wandlung der formalen Analyse von Vorgängen zu einer Methode des gegenseitigen Verständnisses geht davon aus, je mehr ich von mir und den anderen weiß sowie sie von mir, umso besser kann ich mit den anderen sprechen, unser Zusammenleben regulieren und atmosphärische Störungen vermeiden. Deshalb sollen alle ständig auf Tuchfühlung damit gehen, wie es gerade um ihre Befindlichkeit bestellt ist, wie sie die anderen erleben oder wie sie glauben, wahrgenommen zu werden, und selber darüber informieren – um das Dickicht der Gefühle aufzuklären.

Lewin formalisiert das gruppendynamische Feedback zu einer dreistufigen Methode: Muster werden aufgetaut, verändert und im angestrebten Zustand wieder eingefroren. Durch die Verunsicherung, die Verflüssigung am Anfang des Prozesses, bauen die Therapie-Gruppen im Panopticon ihrer Befindlichkeiten eine Selbstorganisation gegenseitiger Kontrolle auf. Laufend werden Ist- und Sollwerte zwischen den Gruppenmitgliedern ermittelt, die Beziehungen geklärt und verbessert. Transparenz wird hergestellt. Ständige Rückmeldungen ermitteln Abweichungen von den normalen Strömungen, um deren Störungen zu glätten oder einzubinden. Vergangenheit und Zukunft werden in den Sitzungen nur wenig Platz eingeräumt, damit das aktuelle Gruppengeschehen ins Zentrum der Wahrnehmung rückt. Der moderierende Therapeut lenkt die Aufmerksamkeit auf das »Hier und Jetzt«. Ziel ist die Wandlung von Verhalten.

Von den Schulungen der Gruppendynamik wandern die Feedback-Methoden in die wachsende Zahl der Selbsterfahrungsgruppen, von wo aus sie später in die

WG-Küchen weitergetragen werden. Daneben wird die Gruppendynamik als Social Engineering Teil der Management-Theorie und findet später eine weitere Übersetzung in die Architektur der sozialen Netzwerke. Durch die technologische Formatierung in panoptischen Blickgeweben wird nun jeder zum Beobachter der anderen und ein von ihnen Beobachteter. Als Darsteller ihrer Selbst, die auf den Bühnen ihrer Zellen beobachten und beobachtet werden, forcieren sie einen Prozess der selbststeuernden Wandlung. Jeder ist jetzt zugleich Publikum und Darsteller, Wärter und Insasse, Therapeut und Patient. Regulierung bedeutet in der offenen Kontrolle des virtuellen Raums nicht allein, die Beobachteten einem psychosozialen Sollwert anzunähern, sondern auch, einen ständigen Prozess der Selbstoptimierung im Spannungsverhältnis von Aufmerksamkeit und Desinteresse zu vollziehen.

Der Psychohygiene einer vom kybernetischen Jargon der Gruppendynamik erfassten Alltagssprache gelingt es, die rauschbehaftete Liebe durch die besser fassbare Beziehung zu ersetzen. Das Feedback wiederum wird zu einem zentralen Werkzeug, mit dem zwischen Kindergarten, Schule, Arbeit und Verbrauch das Leben umfassend reguliert wird.

Sieg der Methode

Modelle sind Werkzeuge. Mit ihnen lässt sich die Umwelt betrachten und formen, indem sie die Vielfalt von Gefügen auf eine Perspektive und die als wesentlich erachteten Linien verengen. Störendes wird aus dem Sichtfeld gekehrt. Ihre Konstrukteure reduzieren, um Komplexitäten in den Griff zu bekommen. In ihnen hoffen sie ein System zu finden. Der ausgeräumte Vorstellungsraum birgt Möglichkeiten. Die Reinheit und absolute Ordnung des Modells begünstigen aber auch totalitäre Sichtweisen. Das Modell bleibt eine Abstraktion, die wieder mit der Umwelt abgeglichen werden muss.

Eine der größten Herausforderungen für die Kybernetik liegt von Anfang an in einer schematischen Darstellung des Prozesses der Übermittlung von Signalen zwischen Sender und Empfänger. Durch dessen Betrachtung im Modell hatte sich die Verbindung in ein Dreieck gespreizt. Es wird nicht mehr einfach nur gesprochen, sondern das Gesagte kommt durch die Mittel der Übertragung, die Sprache, das Kabel oder die Strahlung, beim Zuhörenden als etwas anderes an. Deshalb misst man der Übertragung nun eine ähnliche Aufmerksamkeit bei wie der Frage, wer spricht.

Noch einschneidender wirkt: Die Maschinen haben begonnen zu addieren, zu kalkulieren, zu totalisieren. Sie tun jetzt all die Wunder, die der Mensch für das ihm Eigentümliche hielt.

Der von seinen Erfindungen Eingeholte wird dadurch in seinem Selbstverständnis radikal in Frage gestellt. Jahrhundertealte Gewissheiten über Zweiteilungen in Ich und Du, aktiv und passiv oder in toten und lebendigen Prozess geraten ins Schlingern. Die Dichotomien, mit denen die abendländische Philosophie jahrhundertelang glaubte, die Welt im Griff zu haben, werden brüchig, seit das Objekt denkt, das menschliche Subjekt von einem Schatten bedroht wird und die Übertragung zwischen Ich und Du als Drittes mitspricht.

Die Entdeckung der Größe der Maschinen versetzt viele in den Glauben, die Kybernetik werde die Zukunft stärker beeinflussen als Atomtechnik oder Raumfahrt. Ein neues Zeitalter in Gestalt mathematischer Formeln und elektronischer Schaltpläne beginnt, das Bild des Denkens zu verändern. Bald gilt die Steuerungslehre manchen schon als vierte Kränkung der Menschheit. Nach der kosmologischen, der biologischen und der psychoanalytischen Ernüchterung wird nun das Monopol des menschlichen Gehirns über das Denken in Frage gestellt. Einer der ersten, der dies 1949 in dem Prosastück *Der Radardenker* formuliert, ist der in teppichbelegten Kammern vom Zerfall beseelte Dichter Gottfried Benn: »Haben Sie sich schon einmal klargemacht, dass nahezu alles, was die Menschheit heutigen Tages noch denkt, Denken nennt, bereits von den Maschinen gedacht werden kann, hergestellt von der Cybernetik, der neuen Schöpfungswissenschaft? Und diese Maschinen übertrumpfen gleich den Menschen, die Ventile sind präziser, die Sicherungen stabiler als in unseren zerklafterten Wracks. Also das Gedankliche geht in die Roboter, der deckt den Bedarf, was übrig bleibt, sind Rudimente eines vulkanisch Früheren, und wo sie sich zeigen, wirken sie bereits unmenschlich und verkracht.«

Der große Erfolg der Kybernetik, gerade in Deutschland, erklärt sich zu einem Teil durch den Bruch, den diese mit den nationalsozialistischen Phantasmen anzubieten scheint. Das neue Menschenbild, in dem an die Stelle von Bewusstsein, Leben und Seele nun Nachricht, Kontrolle und Rückkopplung treten, wirkt wie ein rettendes Ufer gezähmter Vernunft, nach der Enthemmung der menschlichen Abgründe mit den modernen Werkzeugen im Dritten Reich. Die versachlichte Charakterisierung und systematische Formalisierung des Menschen scheint ein Ausweg, um das allzu menschliche Wesen, an dessen industrieller Tötung die Welt genesen sollte, in Schach zu halten.

Selbst einige, die gerade noch dem Führer zugejubelt hatten, begrüßen jetzt begeistert die neue, im Vergleich zur Hysterie ihrer letzten Euphorie eher nüchterne Steuerungslehre. Martin Heidegger glaubt in ihr einen Gipfel auf dem von ihm beschrittenen Weg zum Ende der Philosophie zu erkennen. Die kybernetischen Leitvorstellungen würden durch ihre Betonung des logisch-mathematischen Charakters die Philosophie auf eine Ebene des Maschinendenkens lenken. In deren Techno-Sphäre könnte sich ein vollkommen verändertes Denken entwickeln, das sich der Formalisierung entzieht und wieder zum Ereignis wird. Kybernetik werde sich zur neuen Metaphysik entwickeln, durch welche die Welt beherrschbar wird und ihre »durchgängige Verfügbarkeit für den Menschen« sichergestellt werden könnte. Mithilfe der Übermittlung von Signalen würden alle berechenbaren Weltvorgänge steuerbar werden. Das Selbstverständnis der Menschen aus der alten Welt erkennt Heidegger, bei aller Eigentlichkeit ein Mann mit großen Ohren für den opportunen Geist der Zeit, auf dem Weg in die Zukunft als Störfaktor. Ihr romantisches Streben nach »Ichheit« verrausche die Übertragungen von Information. Gegen solches Verharren beschwört Heidegger den »Sieg der Methode«. Auf dem Weg dorthin soll die Industriegesellschaft durch die Steuerungslehre zu sich selbst finden und der Mensch, »das noch nicht festgestellte Tier«, erfasst werden. Eine kybernetische Zukunftsforschung »verrechnet die Informationen über das, was als Planbares auf den Menschen zukommt«. Heideggers zum totalitären Denken neigende Lesart der Kybernetik wirkt erstaunlich prägend, und das gerade auch auf die Auseinandersetzung mit der Kybernetik in der poststrukturalistischen französischen Theorie, für welche die Steuerungslehre einen wichtigen Bezugspunkt bildet.

Die Kybernetik wirbelt viel Staub auf. Im bürgerlichen Wissenschaftsbetrieb werden die Kybernetiker von Anfang an als Emporkömmlinge argwöhnisch beäugt. Die Herkunft der Mischlingslehre bleibt undurchsichtig, ihre Ansprüche klingen abgehoben und die durcheinandergewürfelte Sprache ungehörig. Der größte Makel scheint das Interdisziplinäre, dessen methodische Verwegenheit die auf Reinheit beharrenden Vertreter der Institution vor der Tür halten wollen. Es sollte ihnen gelingen: Außer an einigen Universitäten in der Sowjetunion wird die Kybernetik nie als offizielles Studienfach anerkannt. Die Freiheit der reinen Forschung bleibt verschlossen. Viele Kybernetiker beginnen deshalb, sich auf die Bedürfnisse der Industrie und des Militärs auszurichten, um ihre Forschungen zu finanzieren. Weniger angewandte Aspekte dessen, was eine übergreifende Einheitswissenschaft werden wollte, rücken an den Rand, wodurch viele Möglichkeiten auf der Strecke bleiben. Neben Automatisierung, Lenkungsstrategien, Bürokratisierung oder psychiatrischen Therapien bleibt nur wenig Raum für soziale Utopien. In diesem wird ein erweiterter Begriff der Rückkopplung daraufhin untersucht, ob mit ihm als Politischer Kybernetik die Bedürfnisse von Gemeinschaften gerechter gestaltet werden könnten oder sich demokratische Abstimmungen verbessern ließen.

Politisch verhandelt wird die Kybernetik auch in der Sowjetunion, jedoch mit anderen Vorzeichen. Unter Stalin gilt sie als reaktionäre Pseudowissenschaft des Klassenfeindes. Das Modell der Kreiskausalität wird dem bürgerlichen Idealismus zugeschlagen und in dem Juden Norbert Wiener erkennt man einen mechanistischen Materialisten, der den Kapitalismus wissenschaftlich rechtfertigen will. Die Ablehnung kommt aus den Geisteswissenschaften. Einige Mathematiker sind hingegen interessiert, greifen theoretische Fragestellungen auf und verfolgen diese oft mit längerem Atem als im Westen. Pragmatischere Denker unter den Parteikadern entdeckten die Kybernetik in den späten fünfziger Jahren zudem als vielversprechenden Baukasten zur Verwirklichung des Kommunismus. Durch die kybernetische Verbesserung der Automatisierung kann das Proletariat stärker von der Produktion befreit werden und sich kreativ betätigen. Unter einem guten Stern steht die positive Wende im Osten durch eine zunehmende Politisierung Norbert Wieners, der nun die McCarthy-Regierung wegen ihrer Atomwaffenpolitik scharf kritisiert und eine zunehmende Skepsis entwickelt, ob die Kybernetik nicht dazu neige, die Bündelung von Macht zu begünstigen.

Der Gleichgewichtsautomat

Dass Modelle der Kybernetik zu Methoden umgedeutet werden, welche die fadenscheinigen Gewebe des Kapitalismus zusammenhalten, wirkt rückblickend im britischen Flügel der Theorie angelegt. An dessen Spitze befanden sich mit dem Psychiater Ross Ashby und dem Betriebswirt Stafford Beer zwei ungleiche Akteure. Ashbys tägliche Welterfahrung ist die Leitung einer Anstalt für Störgrößen, die geistesgestört genannt werden. Seine Aufgabe erkennt er darin, die »Funktion eines kranken Hirns zu normalisieren«.

In den frühen fünfziger Jahren entwirft Ashby eine ungewöhnliche Versuchsanordnung, den Homöostaten. Er sollte sich zu dem geheimnisvollsten und vielleicht einflussreichsten kybernetischen Modell entwickeln, das vielfältig interpretiert wird. Zunächst formuliert es die Möglichkeit, den Lauf der Dinge mit offenem Ende zu denken. Es ist der Versuch der Formalisierung eines Prozesses, der seinen Ausgang nicht kennt. Die Unbestimmtheit betrifft aber nur die Zustände des Systems, während sich dessen Prinzip hartnäckig selbst erhält.

Der einzige Zweck des Homöostaten besteht darin, Störungen in seinen Selbsterhalt einzubinden. Die Blaupause dafür bildet ein faszinierendes Phänomen der Natur, das der Selbstregulation. Die sogenannte Homöostase hält organische Zustände wie den Blutzuckerspiegel auf einem bestimmten Niveau, sorgt dadurch für das Gleichgewicht eines inneren Milieus. Kommt es zu Irritationen, wie bei einer Infektion, und schlagen die Zustände nach unten oder oben aus, werden sie homöostatisch reguliert, um das Prinzip des Systems wiederherzustellen. Ohne den Ausgleich der Homöostase wäre Leben nicht möglich.

Ashby versucht nun, im Modell die natürliche Selbstregulation zu formalisieren und in einen Automaten zu übersetzen. Der Nachbau der Wunder des Lebendigen ist nicht neu – schon mit dem Flugzeug wurde versucht, den Flug des Vogels nachzuahmen. Natur wird nicht mehr nur als Ressource materieller Substanz und zu kultivierender Raum verstanden, sondern erscheint als Vorrat an Konzepten, die daraufhin untersucht werden, ob sie in Technologien übersetzbar sind. Die abgeleiteten Apparate treten jetzt in eine beschleunigte und ihren Konstrukteuren bewusstere Phase, da durch die Kybernetik ein interdisziplinärer Dialog eröffnet wurde: Mathematiker sprechen mit Biologen, Ingenieuren oder Neurologen und auffällig oft mit Psychiatern. Die Disziplinen erweitern ihren Zeichenvorrat und dadurch auch ihren Kontrollradius. Je mehr Codierungen ich kenne, umso mehr kann ich kontrollieren, besagt Ashbys Gesetz.

Konkret handelt es sich beim Modell des Homöostaten um vier zu einem Quadrat angeordnete Zufallsgeneratoren. Sie erzeugen als Eingabe andauernd Störungen. Ziel ist die Wandlung in ein »ultrastabiles« Gleichgewicht durch einen Regler in der Mitte. Im Unterschied zu

Wieners Vorhersageautomat blickt Ashbys Apparat nicht in die Vergangenheit, um die nahe Zukunft zu berechnen, sondern reagiert in Echtzeit auf das gegenwärtige Geschehen. Statt das Rauschen zu filtern oder unterdrücken, rückt er es ins Zentrum seiner Aufmerksamkeit. Fühler durchmustern die Störungen, ermitteln ihre Vielfalt und Varianz. Die Regulierung passt sich durch Ermittlung eines Mittelwertes dem Formenreichtum der Störungen an. Möglich wird diese Anpassung, weil die Störungen durch die Ermittlung ihres durchschnittlichen Umfangs als Zustand einbezogen werden. Wie sich der Zustand entwickelt und damit die Zukunft des Systems, bleibt zwangsläufig unbestimmt. Das System kann deshalb kein anderes Ziel haben als die Bestimmung, seinen Erhalt zu stabilisieren. Jedes in die Zukunft projizierte Ziel würde in einen Widerstreit mit dem Prozess der Anpassung geraten und zu einem Zusammenbruch des Ausgleichsautomaten führen.

Ashbys Modell kann sich gegenüber dem zufälligen Rauschen öffnen, da es selbst unbestimmt bleibt. Es akzeptiert seine Existenz, misst es in seinem Umfang ab und richtet seine eigenen Zustände danach aus. Das offene Ende erlaubt eine Empfänglichkeit gegenüber den unabsehbaren, da zufälligen Störungen. Im Homöostaten dient die Offenheit der Kontrolle, welche die Aufrechterhaltung der Prinzipien des Systems sichern soll. Die Störungen können, selbst wenn sie dem System vollkommen zuwiderlaufen, nicht dessen grundsätzliche

Umordnung zur Folge haben. Das Systemprinzip des Automaten will überleben, wie die Natur. Es ist ein Ende, das kein Ende kennt, offen und gleichzeitig verschlossen. Ultrastabil.

Das mathematische Modell des Homöostaten ist nur bedingt ökonomisch, mag in seinem Zentrum auch die Haushaltung des Selbsterhalts stehen. Der Schriftsteller Roland Barthes verstand den Homöostaten als reine, von jedem andern Zweck befreite Lustmaschine. Er erkannte in ihr aber auch das Internationale Lungensanatorium in Davos Dorf, jene seltsam obsessive Liegekur, die Thomas Mann in dem Roman *Der Zauberberg* beschrieb – ein geschlossenes System, in dem bei hohem Komfort auf den Tod gewartet wird.

Denkbar wäre hingegen, den Homöostaten als über sich selbst und seinen Erhalt hinaus zweckfreie Organisation von Energien antikapitalistisch umzudeuten. Es wäre eine Gesellschaft aus homöostatischen Gesellschaften, die sich mit dem Notwendigsten begnügt, um sich zu erhalten, und die sich von der Vorstellung einer materiellen Expansion verabschiedet hat.

Auf eine dritte Art ähnelt das Modell des Leiters einer geschlossenen Anstalt in vielen Aspekten den sich Anfang des 21. Jahrhunderts durchsetzenden ökonomischen Strukturen eines rasanten Wechsels von Boom und Krise, dessen Prototyp »New Economy« genannt wurde. Justiert durch die Erfahrung des implodierten Versuchsballons reagieren die Organisationsformen des Kapitals in den Folgejahren mit gewissenhaften Sicherheitsstrategien auf das Zufällige der Störungen, indem sie deren Dynamik immer enger einbinden. Die Agenten der Unternehmen tasten die Varianz des Rauschens ab, und der Regler, das Management der Unternehmen, passt sich den entstehenden Zuständen an. Die Energien des Störenden werden verwertet und die Grundanordnung mit allen Mitteln aufrechterhalten. Dieser Priorität werden alle anderen Bestimmungen nachgeordnet. Das System erhält sich selbst und ist ansonsten fast vollständig von jeder Bedeutung entleert. Das Anpassungsverhalten an die Störungen lässt sich aber nicht mehr mit einer Vorstellung des Zukünftigen, einer Haltung, einem Ziel, einer Religion, einer Alternative, geschweige denn einer Utopie in Einklang bringen. Es bleibt unbestimmt.

Am Ende aller Krisen

Das automatische Versprechen ewiger Ordnung und Ausgeglichenheit wirkt auf manche unwiderstehlich. Einer der ersten, der den Homöostat Mitte der fünfziger Jahre als angewandte Methode weiterdenkt, ist Stafford Beer. Während seines Militärdienstes hatte er als Statistiker gedient und dann eine Zeit lang Betriebswirtschaft studiert. Nun erfindet sich der Dreißigjährige eine Bühne zwischen Kybernetik und Management. Auf ihr versucht er, den Gleichgewichtsautomaten des Psychiaters Ashby auf die Wirtschaft anzuwenden, um deren zwangsläufiges Risiko des Zusammenbruchs in eine alle Krisen ausgleichende biokybernetische »Ultrastabilität« zu verwandeln. Sein kühner Anspruch lässt ihn schnell reich und berühmt werden. Verwirklichen will Beer seinen Plan, indem er die Dynamik der Selbstregulierung in die Wertschöpfung einbindet.

Die Figuren des Sprachspiels der Kybernetik, mit denen das Wunder totaler Sicherheit beschrieben wird, sind noch überschaubar. Sie vermitteln die Einfachheit, mit der sich eine abstrakte Geschichte erzählen lässt: Eine Ansammlung von Elementen, die auf eine dynamische Weise miteinander in Beziehung stehen, bilden ein System. Jedes Element formt darin einen Punkt, der durch ein Netz mit den anderen Punkten verbunden sein kann, aber nicht muss. Die Beziehungen der Punkte ergeben den Zustand. Dieser kann einfach oder komplex, belebt oder unbelebt, abstrakt oder konkret und offen oder geschlossen sein. Das System kann einem Zweck dienen, muss es aber nicht. Es gibt determinierte Systeme, die ein vollständig voraussagbares Verhalten zeigen, wie ein Türgriff: Wird er heruntergedrückt, öffnet sich die Tür. Geheimnisvoller wirken probabilistische Systeme, welche nur bedingt voraussagbar sind.

Ist das Funktionieren eines Systems auf einen bestimmten Zweck hin ausgerichtet, wird von einer Maschine gesprochen und die Steuerung als Strategie zur

Erfüllung des Zwecks betrachtet. Eine Maschine muss nach kybernetischem Verständnis kein Gefüge aus Ketten, Zahnrädern, Dioden, Kondensatoren oder Platinen sein, es kann sich bei ihr auch um Strategien oder Netzwerke ohne materiellen Körper handeln. Maschinen werden von Menschenhand hergestellt, können sich aber auch in der Natur ausbilden.

Fast alle Maschinen formen ein geschlossenes System. Als solches können sie jedoch Teil komplexerer Zusammenhänge werden. Sprachen, als Systeme von Symbolen, erfüllen als Maschinen den Zweck der Verständigung und verbinden sich mit Systemen, die außerhalb von ihnen liegen, den Wesen, Gegenständen, Zusammenhängen oder Verhaltensformen, allem, was sie bezeichnen.

Verschließt sich ein System und tauscht sich nicht mehr aus, so bleibt die Menge der Informationen in ihm gleich und der Zeichenvorrat hört auf zu wachsen, wird langsam weniger. Über einen längeren Zeitraum abgeschlossene Systeme streben nach dem zweiten Hauptsatz der Thermodynamik zu größtmöglicher Ausgeglichenheit, kommen immer mehr zur Ruhe, zu so viel Ruhe, dass ihnen der Wärmetod droht. Um diesen zu verhindern, bedarf es der Öffnung zur Belebung, der Aufnahme frischer Informationen, die eine bedingte und belebende Unordnung erzeugen – so wie die Sauna zwischen den Aufgüssen gelüftet wird und man den Zustand der verbrauchten Luft im geschlossenen Raum wandelt, um die Schwitzenden mit Sauerstoff zu versorgen. In dekadenten Kulturen, die an ihrer selbstgenügsamen Abgeschlossenheit zugrunde gegangen sind, wurde dies meist vernachlässigt, drehten sich die vertrauten Informationen solange in geschlossenen Kreisen, bis das in sich selbst Kreisende jegliche Energie verloren hatte. Im isolierten Zustand wird nur noch Energie verbraucht, wodurch alle Elemente langsam unterversorgt zu Boden sinken. Eine systemerhaltende Steuerung navigiert ständig innerhalb des Bereiches von Austausch, in dem das Gefüge funktional bleibt. Will man ein System zerstören oder in ein anderes wandeln, werden die Grenzen hingegen über- oder unterschritten.

Unsichtbare Hand

In das kybernetische Grundvokabular fügt Stafford Beer die Figur des Managers ein. Er definiert ihn als eine Maschine, die das System mit Blick auf eine größere Zielstrebigkeit vereinfacht. Beer schwebt ein Manager vor, der eine repressive Steuerung meidet, sich in seiner Autorität zurücknimmt, flexibel zwischen Systemen wechseln kann und sich an der Organisation der Natur orientiert. Seine Empfänglichkeit soll sich mit den Kräften oder Störungen bewegen und umleiten, was ihm ertragreich oder stabilisierend scheint. Die sichtbare Hand der bis dahin autoritären Führung wandelt sich in den Konzepten der homöostatischen Unternehmensregulierung in einen unsichtbaren Organisator, der sich möglichst diskret mit der Selbstregulierung bewegt.

Das Sprachbild der unsichtbaren Hand schließt an den klassischen Wirtschaftsliberalismus Adam Smiths an, der damit die Selbstregulierung von Märkten meinte. Beer weitet die Metapher auf die Produktivität aus, die sich in seiner Vorstellung zukünftig gewebeförmig biegen, Strömen folgen und in Schwärmen bewegen soll. Eine Übersetzung der natürlichen Selbstregulierung in Wirtschaftsmechanismen wird nicht durch Repression wirksam, sondern durch Selektion. Wer nicht mehr kann oder will, wird weder ermahnt noch bestraft, sondern einfach liegen gelassen. In der Wirtschaft sollen die nachgeahmten Strategien des Natürlichen die Produktivität, das Systemprinzip, stabilisieren, ihr zu größerer Wirksamkeit verhelfen und vor Krisen schützen.

Mehr Leistung bei weniger Aufwand, durch die Regelung der Arbeitskraft entlang der ihr eigenen Dynamik, das klingt gut, wer wollte etwas dagegen einwenden. Die Effizienz des Natürlichen wird in Beers Entwurf jedoch mit einer auf Expansion ausgelegten Schöpfung von Mehrwert verkoppelt. Das Denken des Natürlichen wird bei der Übersetzung von einem Systemtyp in einen anderen mit etwas verbunden, was es nicht kennt, dem Profit, der über den Zweck des Selbsterhalts hinausgeht.

Mit seiner Vision adressiert Beer den phantasiebegabten und wissenschaftlich geschulten Manager, der sich die Werkzeuge der Kybernetik aneignen soll. Dies geschieht langsamer, als Beer es sich erhofft. Auf lange Sicht sollte er aber mit dem seiner Zeit vorgreifenden Entwurf zu einem der zentralen Vorreiter der Kontrollgesellschaft werden, der die Wissenschaft der Kontrolle und Kommunikation zu einem Modell der ökonomischen Steuerung ausweitet.

Flöhe essen Eisen

Was Beer darunter versteht, Selbstregulation mit der diskreten Steuerung unsichtbarer Hände zu verbinden, deutet sich in seiner Begeisterung für ein bio-mathematisches Experiment an. Kybernetiker hatten Wasserflöhe mit Eisenspänen gefüttert. Sie stellten fest, dass die Bewegungen der metallisierten Schwärme sich mit einem Magneten an einen gewünschten Ort leiten ließen und sie dort wieder ihrer Eigendynamik überlassen werden konnten. Die selbstregulierende Dynamik des Schwarms kann so einer zweckgerichteten Maschine untergeordnet werden. Für Beer werden durch diese Möglichkeiten des Umgangs mit natürlichen Körpern vollkommen andersartige Verkettungen vorstellbar, die er in den Bereich der Instrumentalisierung von Wachstumseigenschaften weiterdenkt: Maschinen, die, gelenkt vom Manager, mit der geleiteten Selbstregulierung wachsen wie Pilze.

Das Kunststück der Verschränkung von Selbstregulierung und zweckgerichteter Lenkung könnte als technologischer Parasit des Natürlichen beschrieben werden. Der Manager stülpt das Interesse seines Unternehmens in einer parasitären Strategie der organischen Selbstregulierung über. Funktioniert die Verbindung als Maschine, wird der Organismus in seinem Gleichgewicht kaum beeinträchtigt und bleibt seinem Parasiten lange Zeit erhalten. Meist wird das Gekaperte aber für einen seiner Natur fremden Zweck vereinnahmt, was sein eigenes Gleichgewicht über kurz oder lang destabilisiert. Bei längerer Durchdringung von Parasit und Wirtsorganismus kann es zu Mutationen kommen. Meist mutiert der selbstregulierende Organismus so weit, dass das parasitäre Unternehmen nicht mehr den erwünschten Nutzen aus ihm ziehen kann. Der Wasserfloh geht an den Eisenspänen zugrunde. Er ist einfach nicht dafür gebaut, Metall in sich zu tragen, um lenkbar zu sein. Sein Körper wird noch von dem Magneten gezogen, kehrt aber nicht mehr in den Zustand der Selbstregulierung zurück. Die Figur des verwirklichten Sprachspiels hat sich an dem Empfänger in seinem Körper vergiftet und kann die Informationen nicht mehr empfangen.

Finanziert werden Beers Überlegungen zur homöostatischen Unternehmensregulierung und der kybernetischen Fabrik lange Zeit vom Department of Operational Research and Cybernetics der United Steel Companies Ltd. Die Zusammenarbeit bringt ihm den Ruf ein, der

Retter der britischen Stahlindustrie zu sein, wodurch sich die Zahl seiner Klienten multipliziert. Bald berät er weltweit.

Zum ersten Auftritt der Management-Kybernetik auf der Bühne staatlicher Wirklichkeit kommt es Anfang der siebziger Jahre in Chile, dessen sozialistischen Präsidenten Salvador Allende Stafford Beer berät. Als früher Postideologe hat Beer mit politischen Systemunterschieden kein Problem. Dem Klienten Allende wiederum gefällt die Vorstellung eines gehirnähnlichen Informationsnetzes zur Regierung des Staates, das die zwangsläufigen Wirtschaftskrisen in Echtzeit ausgleichen kann. Der erste Computerstaat besteht aus vierzig Fernschreibern, einem IBM-Rechner und einer von deutschen Designern im Stil der Fernsehserie Raumpatrouille Orion gestalteten Zentrale. Das kybernetische Gedankengebäude wird im Raum entfaltet. Eine Vergrößerung des homöostatischen Modells soll es erlauben, die gesellschaftlichen Konstanten aufrechtzuerhalten, so wie sich der Körper reguliert. Allende erhofft sich von einer supermodernen, pseudo-natürlichen Staatsmaschine dezentralisierende wie entbürokratisierende Effekte und eine verbesserte Mitbestimmung der Arbeiter.

1972 kommt es zu dem ersten Probelauf von CyberSyn und seiner Software CyberStrider. Über die Fernschreiber werden laufend alle verfügbaren Informationen darüber gesendet, was getan, gearbeitet, hergestellt oder verbraucht wird. In der Zentrale werden sie statistisch ausgewertet und von einem menschlichen Stab interpretiert.

Im Januar 1973 titeln westliche Zeitungen: »Chile wird von Computern regiert«, was halb euphorisch, halb panisch so klingt, als würde die Maschine nun tatsächlich zum Subjekt werden. Zu den großen Erfolgen des experimentellen Computerstaats zählt, einen Blockadestreik in der Hauptstadt Santiago durch 20 000 LKW-Fahrer mithilfe einer Mobilisierung regierungstreuer Trucker zu unterlaufen. Noch gehört etwas Mühe dazu, sich die Konfliktlösung naturähnlich vorzustellen. Neun Monate später endet der Probelauf mit dem Militärputsch und Sturz Allendes durch das Pinochet-Regime mit tatkräftiger Unterstützung durch die CIA.

Die Jungfernfahrt des kybernetischen Sozialismus mit vielen harten und weichen Schrauben von der Systemkonkurrenz im Rumpf begründet den Mythos vom »sozialistischen Internet«. Ihr Ende verläuft fast zeitgleich mit der sinkenden Popularität der Steuerungskonzepte im Kapitalismus. Nun drehte sich der Wind. Immer weniger Menschen wollten noch Maschine werden. Die Moderne kommt aus der Mode. Ihr letztes wissenschaftliches Großprojekt, die Kybernetik, gerät in den Strudel des Abstiegs. Sie wird immer öfter als gewaltsame Programmierung von Mensch und Natur wahrgenommen, passt nicht mehr in die Zeit nach dem Schock, in welchen die westliche Welt 1972 durch die vom Club of Rome beauftragte Prognose über die Grenzen des Wachstums versetzt worden war. Was unbegrenzte Möglichkeitshorizonte eröffnete, versinkt in dunklen Wolken. Der Kapitalismus der industriellen Moderne muss sich von der fordistischen Illusion, eine Welt herstellen zu können, in der es allen Menschen gut ginge, verabschieden. Angst vor der industriellen Existenz greift um sich. Es knirscht im Gebälk der Fabrik als der einschließenden Architektur der Lohnarbeit. Dezentrale Organisation der Arbeit und Massenarbeitslosigkeit verstreuen die Bevölkerung unübersichtlicher im Gelände, wodurch neue Formen der Organisation und Kontrolle notwendig werden.

Die Kybernetik, als letzte große wissenschaftliche Innovation der industriellen Moderne, rutscht in den Sog der Krise. Im Gewitter der Fragezeichen erfindet sie sich aber noch einmal neu. Dies gelingt, indem sie aus der eigenen Haut steigt. Das Messer bei der Häutung hält ein gewisser Heinz von Foerster. 1973 begründet er die Kybernetik zweiter Ordnung, welche er kurze Zeit später in Kybernetik der Kybernetik umbenennt. Die Verdopplung versteht er als Spaltung in eine beobachtende Instanz, die den Beobachtenden beobachtet, weil dieser sich erst dadurch, dass er beobachtet wird, über seine Perspektive bewusst werden kann.

Angeregt durch Erkenntnisse der Hirnforschung über die Erzeugung subjektiver Realitäten im Nervensystem, entwirft von Foerster eine drastische Infragestellung der objektiven Wahrnehmung. Diese Feststellung der Grenzen der Wahrnehmung und ihre mögliche Weitung durch die selbstbezügliche Beobachtung verlängern das öffentliche Interesse an der wissenschaftlichen Kybernetik nur um kurze Zeit, verschaffen ihr aber ein Nachleben in der nun frischer wirkenden Lehre des Radikalen Konstruktivismus.

Der Beobachter

Heinz von Foerster – Biologe, Physiker, Zauberer, Erzähler oder Radiomacher – gehört zu den Kybernetikern, die fünf Minuten zu spät zur ersten Stunde kamen. Kurz nach dem Ende des Zweiten Weltkrieges hatte der Wiener seine besetzte Heimatstadt in Richtung New York verlassen. Sein schmales Gepäck enthielt neben dem Allernötigsten einige Exemplare seines Buches *Das Gedächtnis*. Die quantenphysikalische Untersuchung der Erinnerungsleistung liest sich höchst überzeugend. Das Buch fällt Warren McCulloch in die Hände. Der Initiator der Macy-Konferenzen kann den deutschen Text nicht verstehen, ist aber so begeistert von den verblüffenden Formeln zwischen den Sätzen, dass er den Autor sofort nach Chicago einlädt. Nach seinem Vortrag über die Bedeutung der großen Moleküle für die Erinnerungsleistung in radebrechendem Englisch wird der Sechsunddreißigjährige in fliegender Eile als Sekretär der Macy-Konferenzen bestellt. Die Protokolle der wissenschaftlichen

Debatten dramatisiert der bald auf Englisch Wortgewandte zu packenden Theaterstücken der Entdeckung einer neuen Sicht auf die Welt.

Dem Sympathieträger der kybernetischen Bewegung wird einige Jahre später auch die Leitung des Biological Computer Laboratory an der University of Illinois übertragen. Dort entwickelt sich von Foerster zum Förderer einer jüngeren Generation von Kybernetikern und wird zu einem prägenden Vermittler der entstehenden Theorie der Selbstorganisation.

Der in den fünfziger Jahren zunächst von Elektroingenieuren aufgebrachte Begriff der Selbstorganisation führt den Gedanken Immanuel Kants weiter, »dass Teile desselben sich dadurch zur Einheit eines Ganzen verbinden, dass sie voneinander wechselseitig Ursache und Wirkung ihrer Form sind«. In einem sich selbstorganisierenden System entsteht Ordnung unabhängig von den Handlungen eines Organisators aus der Eigendynamik der Elemente, wenn innerhalb von diesem keine Trennung zwischen organisierenden, gestaltenden wie lenkenden Teilen besteht und das Ziel des Systems in sich selbst besteht. Heinz von Foerster erweitert den Begriff auf der ersten großen Konferenz zur Selbstorganisation 1959 um die Vorstellung der *Ordnung durch Störung*. Er erkennt das vorsätzliche Einführen von Rauschen in ein System als Möglichkeit, um Ordnung zu erzeugen: »Man nehme ein paar kleine Würfel, auf die magnetische Folien aufgeklebt werden und die, was ihr Gewicht betrifft, gerade noch schwimmen können. Diese Würfel setzt man in einen Behälter mit Wasser, beginnt ein bisschen zu schütteln, führt ihnen ungerichtete Energie zu, erzeugt *noise* in der Umwelt, induziert eine Störung. Zu Beginn driften die Würfel amorph durch die Gegend, aber mit einem Mal fangen sie an, sich zu kombinieren, sie entwickeln die tollsten Strukturen, die schönsten Kristalle und die faszinierendsten Klumpen. Ihre jeweilige Struktur ist eine innere, die sich aber durch eine Störung – in diesem Fall: das Schütteln – realisiert.«

Anfang der siebziger Jahre stößt der Umtriebige mit einigen jüngeren Forschern im Laboratorium auf die Frage nach dem Beobachter und erkennt als dessen großes Problem den Blinden Fleck. Die Lücke im Gesichtsfeld resultiert daraus, dass sich an einer Stelle der Netzhaut, wo sich die Nervenfasern zum Sehnerv bündeln, keine Rezeptorzellen befinden. Dies begründet, warum Menschen immer etwas übersehen und also, dass es sich bei dem, was sie für die Wahrheit halten, um eine optische Täuschung handelt. Was aus der Biologie eingeführt wird, weitet sich schnell zu einer Frage der Kontrolle: Da der Blinde Fleck unbewusst bleibt, bedarf es eines weiteren Beobachters. Erst durch die Beobachtung des Beobachters wird deutlich, was der Beobachtende nicht sieht. Der einzige Ausweg sei zu lernen, mit dem Blinden Fleck zu leben, schließt von Foerster: »Wenn ich nicht sehe, dass ich blind bin, dann bin ich blind; wenn ich aber sehe, dass ich blind bin, dann sehe ich.« Mit der

Erkenntnis der eigenen Blindheit betritt die Kybernetik der Kybernetik die Ebene der Beobachtung beobachtender Systeme.

Da Heinz von Foerster annimmt, Erklärungen würden das Staunen rauben, erzählt er Wissenschaft in Form von Geschichten. Im *Tausendundeine Nacht* seines Denkens läuft auch selten etwas schief, bis er sich dazu hinreißen lässt, über Unternehmenssteuerung zu sprechen. Zuerst hatte es ihn noch gegruselt, vor Managern aufzutreten, da er das englische Wort *manacle*, Handschelle, als den Ursprung ihrer Berufsbezeichnung zu hören glaubt. Aber er springt über seinen Schatten und fügt den Manager in die kybernetischen Modelle ein.

Manager tauchen in von Foersters Entwurf in das von ihnen Gesteuerte ein, wandeln sich vom vertikalen Macher und Befehlsgeber zum horizontalen Verstärker und Pfleger eines sich selbstorganisierenden Systems, um die überindividuellen Kräfte der darin Angestellten freizusetzen, indem sie deren Arbeitskraft verbessern. Von Foerster betrachtet die Hierarchie als eine wesentliche Blockade der unterdrückten Leistung. An die Stelle der Herrschaft der Manager oder Chefs sollte zukünftig die Heterarchie treten. Dieser Begriff war zuerst von Warren McCulloch im Zusammenhang mit der Organisation des Nervensystems verwendet worden, um die Redundanz des möglichen Befehls zu beschreiben. Ein Mensch denkt langsamer und weniger, wenn er damit rechnet, eine Anweisung, einen Befehl zu erhalten. Diese freiheitlich anmutende Einsicht legt von Foerster nun den Managern ans Herz, um ihnen zu erklären, wie viel Energie ihrer Angestellten sie in einer Top-down-Kommunikation verschwenden. Vor allem würden sie den Angestellten keine Gelegenheiten geben, von unten nach oben zu berichten. Das Management bliebe blind, solange es über keinen Informationskanal verfüge, der es über seine blinden Flecken aufkläre. Deshalb solle das Management die Angestellten an der Steuerung teilhaben lassen, um sie als beobachtete Beobachter effizienter nutzen zu können.

Von Foerster illustriert die Effizienz der dezentral beobachtenden Selbstführung und gesteigerten Identifikation mit dem Unternehmen an dem gleichen Beispiel, das schon McCulloch für die Heterarchie im Nervensystem wählte. Im Zweiten Weltkrieg hatten die Amerikaner am Anfang der Seeschlacht um die Midway-Inseln ihr Flaggschiff verloren. Die bis dahin untergeordneten Kapitäne mussten nun ihr eigenes Kommando übernehmen. Zur Selbstverantwortung gezwungen, hätten sie von der hierarchischen Beziehung in einen Zustand der Heterarchie gewechselt. Der bis dahin in der Redundanz möglicher Befehle des Flaggschiffs gebundene Überschuss an Energie wurde mobilisiert. Die US-Flotte gewann an Schlagkraft und attackierte die Japaner aus der Vereinzelung vernichtend.

In der entstehenden Kontrollgesellschaft sollte die

Heterarchie bald zu einer zentralen Methode werden. Die Ausweitung des Blicks der Lenkung durch Einbindung der Gelenkten bezeichnet die Management-Sprache als Bottom-up-Kommunikation. In der flachen Hierarchie erhöht sich die Sichtbarkeit. Das, was später »postheroisches Management« heißen sollte, wird der Ausübung von Disziplinarmaßnahmen entbunden, um ohne Autorität vertrauenswürdiger zu wirken. Die unsichtbare Hand hört aber nicht auf, Organisator zu sein, genauso wenig, wie sich Unternehmen in ein unabhängiges und offenes System verwandeln, was die Dynamik der Selbstorganisation eigentlich erfordern würde. Was beschworen wird, ist eine Pseudo-Selbstorganisation. In erster Linie sollen die Angestellten ihre Disziplinierung auf der angenommenen Augenhöhe übernehmen – ihre Selbstführung soll für die Interessen des Unternehmens mobilisiert werden. An der langen Leine gelenkter Selbstkontrolle wird ihnen die Illusion von Teilhabe vorgespiegelt. Jeder wird zum Schmied des gemeinsamen Glücks verklärt. Teilgehabt wird an den Freuden der Pflicht, meist ohne dass sich Wesentliches an der Verteilung der Produktionsmittel ändert. Werden die Angestellten, die jetzt immer öfter Mitarbeiter heißen, am Kapital des Unternehmens beteiligt, dann so, dass sie das Systemprinzip des Unternehmens stabilisieren.

Wenn von Foerster an der Hochschule St. Gallen Anfang der achtziger Jahre den Studenten erklärt, »in einem sich selbst organisierenden Managementsystem ist jeder

Beteiligte auch ein Manager des Systems«, vermittelt er den nachkybernetischen Praktikern eine ihrer zentralen Methoden: Jeder Punkt kommuniziert laufend mit der Steuerung, damit die Kontrolle der Energien optimaler organisiert werden kann.

Von Foersters auf Durchleuchtung setzende Führungstheorie der Nichtführung wirkt recht wienerisch. In ihr mischt sich ein Wille zur Transparenz, der sich aus Affekten gegenüber dem verdunkelnden österreichischen Katholizismus nährt, mit der Erfahrung jenes engen Gefüges aus Bedienten und Bedienenden in der Stadt der »tausend Familien und hunderttausend Dienstboten«. Ein enges Gespann, in dem nicht mehr gesagt werden muss, was er oder sie zu tun hat, weil alle menschlichen Elemente ohne Eigenschaften ihren Auftrag und ihre Rolle in der großen Aktion, dem undurchsichtigen Ganzen, verinnerlicht haben. Den Anstoß für die entkernte Selbstorganisation liefert der von der Wiener Schule des Logischen Positivismus abgeleitete Neoliberalismus, den Friedrich von Hayek in den dreißiger Jahren entwarf.

Von Foersters Zuhörer sind jetzt weder das Wiener Radiopublikum der Nachkriegsmonate, welches wieder zu sich selbst finden soll, noch Nachwuchsforscher, die sich zwischen den Disziplinen bewegen oder über die Verbesserung der Kommunikation nachdenken, sondern zukünftige Manager und Unternehmensberater. Es dauert nicht lange, bis sie die gelenkte Pseudo-Selbstorganisation mit Parolen wie »Jeder muss zum

Unternehmer im Unternehmen werden« in die Gesellschaft tragen. Der Umbau der Disziplinargesellschaften hin zu den Kontrollgesellschaften profitiert nicht unerheblich von der radikal konstruktivistischen Methode stabilisierender Teilhabe. Sie wirkt verführerisch für den, der teilhaben soll, weil sie seine Ermächtigung verspricht.

Ein Gefühl der Unterlegenheit entsteht, nach von Foerster, dadurch, dass eine Autorität erkannt und dadurch anerkannt wird. Fraglos ist Respektlosigkeit oder Blindheit gegenüber den Anmaßungen der Autorität ein erster Schritt zu allem anderen, sie hat aber nur im Glücksfall die Auflösung des Machtgefüges zur Folge. Wirkliche Aberkennung des Anspruchs auf Überlegenheit würde in einer auf Kommunikation gebauten Beziehung bedeuten, den Austausch zu unterbrechen. Man würde eben nicht sagen, was man im Blinden Fleck des Managements sieht, und aufhören, Teilhaber zu sein, was genau das Gegenteil von dem wäre, was von Foerster empfiehlt.

Selbstorganisation erfordert weitestgehende Selbstverantwortung der Elemente. Doch wie soll selbstverantwortlich gehandelt werden, wenn das eigene Handeln von einer Maschine in eine für den Einzelnen unkontrollierbare und damit auch nicht zu verantwortende Sphäre weiterverarbeitet wird? Da mit dem, was sie teilhabend tun, etwas geschieht, an dem sie nicht mehr aktiv teilhaben können, erleben sich die an einem bestimmten

Punkt der von ihnen weitergetragenen Bewegung Zurückgebliebenen als Mitschuldige. Sie werden in die Verantwortung für etwas hineingezogen, auf dessen weitere Wandlungen sie keinen Zugriff haben. Der zwangsläufige Widerspruch fabriziert den verschuldeten Menschen als zentrale Persönlichkeitsstruktur der Kontrollgesellschaft.

Auch die von von Foerster beschworene »fundamentale Freiheit«, die notwendig wäre, um selbstverantwortlich und ethisch handeln zu können, ohne gezwungen worden zu sein, kommt in einer auf Abhängigkeiten gebauten Organisation des Lebens nicht wirklich vor.

Die Hand, die Heinz von Foerster dem Management reicht, hat traumatisierende Folgen und trägt zu den psychotischen Gesellschaften bei, in denen wir leben. Trotzdem scheint es verkürzt, ihn allein auf die Rolle des kontrollgesellschaftlichen Steigbügelhalters zu reduzieren. Es gäbe vieles andere zu von Foerster zu sagen. Und auch seine früheren, formal-utopischen Entwürfe der Selbstorganisation liegen immer noch unter den Ruinen ihres Ausverkaufs. Auf ihren Trümmern stellt sich die Frage, ob sich das Vereinnahmte aus der parasitären Maschine lösen lässt. Und wie von ihr abgekapselte, selbst organisierende Modelle aussehen könnten, die nicht adaptierbar wären.

Vorgeschriebene Netze

Schreiben beginnt nicht selten damit, eine durch das Bewusstsein schwebende Erinnerung in Kreisbewegungen zu versetzen. Dahinter steht die Hoffnung, das aus der Vergangenheit Vorbeistreifende würde sich nun, im wiederholten Anlauf, zu einer Geschichte oder Bedeutung rückkoppeln. Was als Leben an einem vorbeirauscht oder -dümpelt, soll zu einer Form finden. Daher überrascht es wenig, dass sich eine Reihe Schriftsteller schon früh mit der Kybernetik beschäftigten.

Anfang der sechziger Jahre fragt sich der Science-Fiction-Autor Stanislaw Lem, ob es im All andere Zivilisationen gibt. Anhaltspunkte liefern dem polnischen Futurologen Versuche des Observatoriums in Green Bank. Dort horchen Radioastronomen in den Himmel und versuchen, das von der toten Materie übertragene kosmische Rauschen rückzukoppeln, um regelmäßig gebündelte Signale aufzuspüren, die auf andere Zivilisationen deuten. Aber es gibt keine Rückmeldung.

Lem bleibt trotzdem der Überzeugung, in der Kybernetik liege die Zukunft – wenn schon nicht im All, dann auf der Erde. Er betreibt die Voraussicht weniger als Berechnung von Wahrscheinlichkeiten, denn als freihändiges Spiel, bei dem er erstaunliche Zeitreisen in ein »kybernetisches Schlaraffenland« unternimmt. Dabei stößt er auf »die intellektronische Verstärkung der Forschung durch Kanäle mit beliebig großer Kapazität«, den Anfang eines großen Netzes der Gedanken, eine Ahnung des zukünftigen Internet – fast fünfzehn Jahre, bevor dies erstmals funktionieren sollte.

In seinen umfassenden Überlegungen zur Kybernetik, den *Summa technologiae*, stellt sich Lem auch die Erzeugung synthetischer Umgebungen vor. Es sind künstliche Wirklichkeiten, die sich äußerlich in keiner Weise von der Vorlage unterscheiden, aber anderen Gesetzen folgen. Er bezeichnet sie als Phantomatik. Bei einem Beobachter sollen alle Nervenimpulse mit einem magnetischen Tonband, einem Magnetophon der Firma AEG, aufgezeichnet werden. Die komplexen Informationen der Beobachtung werden an einem anderen Ort wieder in den Körper eingespeist und das Beobachtete allein durch in Information übersetzte Nervenaktivität wieder aufgerufen. Im nächsten Schritt schwebt Lem vor, im Anschluss an das polnische Sprichwort: »der Schneider schneidert, was der Stoff hergibt«, die Methode der Lobotomie zu verkehren. Statt etwas mit einem Schnitt zu durchtrennen, üblicherweise den Frontallappen, sollen dem Gehirn Teile hinzugeflickt, sozusagen appliziert werden, um es zu bereichern. Glücklicherweise ist der vom Schreiben besessene Lem weniger an der Verwirklichung dessen, was er vom Hirnschneidern schreibt, interessiert als daran, noch mehr zu schreiben.

Skeptischere Vorahnungen der zukünftigen kybernetischen Räume entwickelt Ende der sechziger Jahre Oswald Wiener. Objekt der spekulativen Überlegungen des österreichischen Schriftstellers ist ein von dem Künstler Walter Pichler gebauter Bioadapter. Der Helm gehört zu einer Reihe von Prototypen, die eine Lösung der Weltprobleme entwerfen. Wird er aufgesetzt, taucht der Träger in eine mit »feedback-kreisen« ausgestattete, alle Wünsche befriedigende Wohlfühl-Umgebung. Sie ermöglicht den ungebremsten Konsum von Dingen, Umgebungen und Menschen unter dem alleinigen »kriterium der glückshaftigkeit«. Der behelmte Verbraucher »wird pausenlos nach seinen bedürfnissen abgetastet, so lange, bis dieselben zum zwecke erhöhten lustgewinns vom adapter selbst erzeugt werden können«. Eine Lustmaschine wandelt sich zu einer geschlossenen, selbstbezüglichen Welt. Nachdem den Bedürfnissen des Benutzers umfassend geschmeichelt wurde und die Apparate ihn in seiner Befriedigung isoliert haben, wird er im zweiten Schritt zum steuerbaren Objekt umgedreht. Der Bioadapter kontrolliert »nun die leiblichen und seelischen zustände seines inhalts bis ins letzte, d.h. er hat den platz des staates eingenommen«. Jetzt wird zur Verbesserung des Bewusstseins übergegangen. Die Steuerung beginnt, die Nerven zu sortieren und ihre Verbindungen neu zu verlegen.

Der Begriff Cyberspace leitet sich aus den Systemarchitekturen zum Transport von Daten ab. Kybernetisches Wissen ermöglicht die notwendige Haushaltung und Organisation der Information, welche deren leichtgängige

Verpackung nun erlaubt. Das Übertragungsgewebe wird aber nicht mehr zur Epoche der Kybernetik gezählt. Die war Mitte der siebziger Jahre schon zu Ende gegangen, als der Vorläufer des Internets erstmals funktionierte. Nun nimmt die eigentlich schon abgetakelte Kybernetik in einer neosurrealen Variante des hartgekochten Romans der dreißiger Jahre nochmals Fahrt auf. Das leichte Boot fährt bald mit hohem Tempo, die ausgehöhlte Theorie wird dabei im Wesentlichen als Rahmen für einen aus einer dünnen Popschicht gegossenen Rumpf verwendet.

Den Namen des Erkundungsgebietes, Cyberspace, verwendet William Gibson 1982 erstmals in der Kurzgeschichte *Chrome brennt*. Nach eigenem Bekunden wollte er ein Modewort erfinden, ihm gelang einer der erfolgreichsten Marketing-Begriffe aller Zeiten.

In den gesetzlosen Städten eines enthemmten Monopolkapitalismus wimmeln mit Drogen vollgepumpte und mit Elektroschrott bewaffnete Computer-Hacker. Ihr schrecklich-schöner Arbeitsplatz ist eine Nachahmung des menschlichen Nervensystems, die Matrix. Ein Geruch von kandiertem Ingwer liegt in der Luft, und alles könnte nur ein Hologramm sein.

Mag die Hülle der Kybernetik nun auch eine Bühne greller Wahrnehmung betreten, dominiert ein seltsam fades Licht von gespenstischem Grün, fast so, als baue sich die Welt um ein Aquarium auf. Darin hocken Wiedergänger von Philipp Marlowe, Guy Debord und Debbie Harry an den Tresen schmuddeliger Abbruchbars. Wo der Himmel war, hat sich alles verzogen, es blieb dunkel. Was die Verdunklung hinterlassen hat, liest sich in den besseren Passagen wie der Anfang einer aufregenden Zeit. Genau genommen ist es die Einführung in den großen Homöostaten, in dem die Zukunft durch das Unbestimmte ersetzt wird. Dem Genre der Cyberpunk-Literatur gelingt es erfolgreich, das etwas dröge Internet und den nachkybernetischen Kapitalismus mit dem Charme des Abenteuerlichen auszustatten. Selbstdisziplinierung wird durch Drogen in ein lustigeres Licht gerückt. Manager sehen im Gewand technoider Punks einfach besser aus. Und die Vermischung von Mensch mit Maschine soll vor allem zu psychedelischen Erfahrungen wie besserem Sex führen.

Anti-Ja zur abstrakten Existenz

Kybernetikerinnen sind Ausnahmeerscheinungen. Der weibliche Bedarf systemwissenschaftlicher Kontrolle scheint begrenzt. Mischen sich Frauen in die Welt der Steuerungslehre, nimmt der Kurs des Denkens eine radikale Wendung. Vom Rand des Lichtkegels, den der Boom der Cyberpunk-Literatur wirft, fragt die Biologin Donna Haraway nach den rassistischen Folgen der Kybernetisierung: Als Auswirkung einer sich zunehmend nach Asien verlagernden Produktion von Computern erkennt sie eine ökonomisch provozierte Konfliktlinie zwischen farbigen Frauen in den Fabriken von Singapur und Detroit. Sie antwortet auf das fatale Szenario mit einem radikal anders gedachten Entwurf von Widerstand.

In ihrem Mitte der achtziger Jahre veröffentlichten *Manifest für Cyborgs* knüpft Haraway an die Literatur einer meist von Autorinnen verfassten und von den männlichen Cyberpunks oftmals schnöde als Fantasy abgetanen Science-Fiction an, in der sich Mensch und Maschine zu monströsen Selbstkonstruktionen vermischen. Haraway geht davon aus, »ein perverser Wechsel der Perspektive könnte uns weitere Möglichkeiten eröffnen, für Bedeutungen, aber auch für andere Formen von Macht und Lust in technologisch vermittelten Gesellschaften zu kämpfen«. Die Phantasmen einer Verunreinigung von Mensch oder Maschine werden von ihr angesichts des Übergangs von den alten, noch offensichtlicheren Formen der Herrschaft zu den unheimlichen Netzwerken als widerständische Möglichkeit aufgegriffen. Es ist ein Angriff nach vorn. Haraway erkennt, dass der kybernetische Zugriff begonnen hat, sich auf eines der wichtigsten politischen Konstrukte der Frauenbewegung auszuweiten, die sozialen Beziehungen. An die Stelle von Familie, Markt und Fabrik treten immer öfter Frauen in integrierten Schaltkreisen. In der Kybernetisierung des Menschen, speziell der Frau, erkennt Haraway den Beginn einer kommenden Simulation von Politik, weshalb Feministinnen dieses neu zusammengesetzte, postmoderne Selbst mitbestimmen sollten. Wenn die Welt in ein Kodierungsproblem verwandelt wird, müsste dies als Schlachtfeld des Feminismus angenommen werden. »Die Übersetzung der gesamten Welt in ein Problem der Kodierung lässt sich anhand der Kommunikationswissenschaften veranschaulichen, wenn man sich die Anwendung kybernetischer (rückkopplungsgesteuerter) Systemtheorie auf Telefonnetze, den Entwurf von Computern, die Entwicklung von Waffen und die Konstruktion von Datenbanken vergegenwärtigt. In jedem dieser Fälle steht die Lösung der Schlüsselprobleme in einer Theorie von Sprache und Kontrolle. Der entscheidende Schachzug besteht in der Bestimmung der Raten, Richtungen und Wahrscheinlichkeiten des Flusses einer Größe, die als Information bezeichnet wird. Die Welt ist durch Grenzen unterteilt, die eine verschiedene Durchlässigkeit für Information besitzen. Information ist genau dasjenige quantifizierbare Element (Einheit, Grundlage von Einheit), auf dessen Basis universelle Übersetzung und damit unbehinderte, instrumentelle Macht (auch bekannt als ›effektive Kommunikation‹) möglich wird. Die größte Bedrohung dieser Macht besteht in der Störung der Kommunikation.«

Die oppositionelle Cyborg kämpft für eine Sprache und im selben Moment gegen die perfekte Kommunikation. Sie betreibt eine Sprachpolitik, die auf dem Rauschen besteht. Vielleicht weil das Konzept der Cyborg wirklich gefährlich werden konnte, wurde es mit einem immensen Aufwand von der »instrumentellen Macht«, die es angriff, umgedeutet, bis davon ein metallenes Pin-up mit einer lüsternen Leidenschaft für schwere Handfeuerwaffen übrig blieb. Haraway ließ die Umdeutung ihres Entwurfes »das Blut in den Adern gefrieren«.

Wo die Schatten leer sind

All das habe ich gelesen, als seine Knopfaugen mich gleichgültig ansehen. Dann kaufe ich von dem molligen Tschechen das Ding. Es ist so groß wie ein Schuh, ein bisschen schmutzig und kostet achtzig Mark. Dem Verkäufer vertraue ich, da er zuvor einen sieben Tonnen schweren Stein auf einem LKW von Wales zum Himalaya transportiert hat. Wo er war, wollte ihn keiner weg haben, und am Ziel des 19 967 Kilometer langen Weges wartete niemand darauf. Ich hoffe, das Ding könnte ein Schlüssel zu ähnlichen Abenteuern sein. Aufgeregt trage ich es nach Hause und schnalle mit Klettband meinen Telefonhörer darauf. Wie versprochen pfeift es, mehr tut es nicht. Auch im zweiten Anlauf bleibe ich draußen und spüre, dass ich einen Magen habe. Hätte ich in diesem Moment alles wissen können?

Nach Stunden bin ich drin und vergesse meinen Magen. Ich sitze immer noch zu Hause und rauche, bin aber ganz woanders, in einer schwarz-weißen Welt aus Zahlen, wo nicht geraucht wird. Dafür birgt sie ein riesiges

Versprechen, höher als alle Wolkenkratzer. In Wahrheit sieht die Welt, an die mich das Modem anschließt, gar nicht aus wie ein Nervensystem und wirkt weniger aufregend als im Roman. Das Ding hat mich angeschlossen an eine Weltmaschine für organisiertes Verhalten.

1991 beschließt die US-amerikanische Regierung, das Internet für einen größeren Benutzerkreis zu öffnen. Es heißt, das Gewebe zum Transport von Datenpaketen wäre unzerstörbar. Sein ursprünglicher Zweck sei gewesen, die Kommunikation der Armee im Falle eines Atomschlags zu gewährleisten. Bomben könnten das System an zahllosen Stellen außer Kraft setzen, dessen Struktur würde sich aber selbstregulierend wiederherstellen. Für ihre Pointen verraten Geschichtenerzähler schon mal die halbe Wahrheit: Zwar wurde das Netzwerk vom Pentagon entwickelt, aber mit dem Vorsatz der Effizienz. Um zu verhindern, dass an verschiedenen Orten an den gleichen Fragen geforscht wird, sollen die Projekte der Advanced Research Projects Agency durch ein Netzwerk für die verschiedenen Institutionen zugänglich und mögliche Redundanzen kontrollierbar sein. Kurz, es waren wirtschaftliche Gründe, die zum Vorläufer des Internet, dem ARPANET, führten.

Die Geschichte der Unzerstörbarkeit nach dem Atomkrieg bietet aber einen besseren Mythos für eine ultrastabile Ökonomie, die sich um ihn herum errichten sollte. Dezentral organisierte Ströme sollen nie mehr zum Erliegen kommen und unzerstörbar werden.

Das Internet soll alle Grenzen aufheben. Seine Weite verspricht eine Entdeckung unbekannter, noch nicht verteilter Welten. Man musste bei ihrer Eroberung nicht einmal Indianer töten. Ein Treck hoffnungsvoller Planwagen voll übersteuerter Affekte zieht wieder nach Westen. Der Goldrausch lässt nicht lange auf sich warten. Es soll der Größte aller Zeiten werden, da es gelingt, eine Grundregel der Physik auf den Kopf zu stellen: Von nun an soll das Wunder möglich sein, aus einer Maschine mehr herauszubekommen, als man in sie hineingesteckt hat.

Die Verführungskraft des Internet, dem Land, wo die Schatten leer sind, scheint unerschöpflich. Manchmal scheint es wie der Charme einer leeren Person, die verführt, weil sich alles Mögliche in sie hineinprojizieren lässt. Der Zauber hält erstaunlich lange, bis die Bezauberten plötzlich in einer Umgebung stehen, wo jedes Schwingen des Staunens verschwunden ist.

Alte Hüllen des Abstiegs

Am Anfang des neuen Jahrtausends legt sich die erste Aufregung um das Internet ein wenig. Die neuen Kleider des alten Kaisers beginnen gewöhnlich zu werden, eine Verlängerung von Arbeitsplatz, Einkaufszentrum und anderem, ein selbstbezügliches Labyrinth, in dem sich die Menschen fragen, warum sich ständig die Eingänge zum Leben verschließen.

Was als kybernetischer Restbezug noch an seinen Rändern herumliegt, wirkt bestenfalls wie ein abgetakeltes Echo der Moderne, gerade mal gut genug, um das Vergehen der Zeit darzustellen. Doch plötzlich verschwindet die Zeit in einer Falte, so als sei sie nie vergangen. Die Ausstattung wechselt vom futuristischen Auftritt der Apparate, an die unterbewusst schon niemand mehr glaubte, zum rückwärtsgewandten. Die Gestaltung der Requisiten wählt nun Silber und Weiß und orientiert sich am Stil von Dieter Rams, einem Designer, der in den sechziger Jahren Haushaltsgegenstände für die Firma Braun entwarf. Seine jungen Klassiker werden die Vorlagen einer neuen Zeit. Eine Zukunft beginnt, die ich schon lange kenne. Rams' berühmte Stereoanlage, der »Schneewittchensarg«, stand im Wohnzimmer meiner Großeltern.

Später trat Dieter Rams direkt in mein Leben. Während meines Studiums kam er mir montags immer auf dem Flur entgegen. In seiner Rolle als Professor für Produktgestaltung vertrat er eine Art praktischer Eleganz. Er sah dabei eigentlich ganz gut aus, verkörperte aber alles, was ich ablehnte.

Zwanzig Jahre später, in den Nullerjahren, hatte ich einen Traum: Der Präsident, der lieber eine Gefängnisinsel leiten wollte, erzählte mir: Rams sei dort Sträfling gewesen, der sich in der Holzwerkstatt besonders hervortat. So sei er auf ihn aufmerksam geworden. In dem Traum verwebt sich die Resozialisierung des jugendlichen Kleinkriminellen zum Designer mit der Erinnerung an ein großes silbernes Baustellenschild, auf dem sich aus Glühbirnen das Wort »Park« zusammensetzte. Gemeinsam mit einem Freund hatte ich es einige Jahre zuvor gebaut. Das Schild stand für die Hoffnung, »die Wünsche werden die Wohnung verlassen und auf die Straße gehen«. Es warb für die Einbeziehung von Anwohnern in den Planungsprozess eines Parks. Zu diesem Zeitpunkt, es war noch im letzten Jahrhundert, wirkte der Gang der Wünsche ins Licht der Straße noch wie eine Perspektive. Die Wünsche wandelten sich aber nur in der Sprache zum Subjekt, während sie außerhalb von ihr Objekte einer fremdbestimmten Oberfläche blieben. Jetzt, einige Jahre später, wirkt der symbolische Gang der Wünsche ins Licht der Straße wie eine Aufforderung zum Geständnis. Alle Begehren sollen zur Aussage kommen, um steuerbar zu werden. Schilder mit Sprechblasen fragen die Vorbeigehenden, ob sie sich nicht etwas anderes vorstellen können als Büros in ihrer Stadt. Wem etwas einfällt und wer seinen Wunsch oder eine Feedback-Karte in den schwarzen Kasten wirft, dem klopfen die Vertreter der weichen Kontrolle auf die Schulter, und manchmal nehmen sie einen sogar in den Arm.

Bei Partizipation, der Teilhabe an Entscheidungsprozessen, handelt es sich nun um ein institutionalisiertes Nachspiel, mit dem versucht wird, das vielgestaltige Unbehagen der Bevölkerung abzuholen und zu entsorgen.

Das einmal ermächtigend gedachte Modell der Wunschproduktion ist adaptiert und umgedreht worden. In endlosen Bürgergesprächen an immer runderen Tischen können sich alle an Entscheidungsprozessen beteiligen und ihre Vorschläge einbringen.

Am Ende der Innovation

Schreib ein Manifest, gründe eine Initiative, besetze ein Haus, mach einen Vorschlag, präsentiere dein Konzept, mach deine Methode transparent, sei dabei. Das Ineinander aus Beschwerdechor und Wunschkonzert soll sich in neoliberalen Bottom-up-Projekten zur Anmutung eines öffentlichen Raumes zusammensetzen, den es schon lange nicht mehr gibt. Eine allgegenwärtige Unzufriedenheit wird mit kybernetischen Management-Techniken auf Spezialfragen gelenkt und anschließend in Projekten so lange moderiert, eingekreist und evaluiert, bis jede Hoffnung oder Wut der Bürger vom leeren Licht der Transparenz überstrahlt wird. Das Ergebnis nennen die Planer mit den großen Ohren, die alle einen kleinen Schneewittchensarg zum Mitnehmen in der Tasche tragen, gelungene Kommunikation. Ein Bahnhof wird ein bisschen anders gebaut oder ein Haus gelb gestrichen. Die Teilhaber erleben sich in kleinen Schritten als gescheitert und bezichtigen sich der Schuld am Malheur des im Prozess Heruntergekochten. Was als artikuliertes Unbehagen begann, verläuft sich in kreisförmiger Frustration.

Kein Gleichgewicht hält ewig. Seit einiger Zeit neigen die Bottom-up-Planungsprozesse der kommunizierenden Anteilnahme zur Einfallslosigkeit. Um wieder Leben in die Ermüdung zu bringen, entwickeln jüngere Planer veränderte Strategien. Bei diesen geht es nicht mehr um den Konsens, den andauernden Ausgleich aller Positionen, jetzt sollen sich kleinere Gruppen gegen die Mehrheit durchsetzen. Die geschlossenen Kreisläufe der Übereinstimmung, in deren zwangsläufiger Suche nach Harmonie sich die Planungsprozesse erschöpft haben, öffnen sich gegenüber der Störung, um die Politik der Partizipation in Form einer Spannung neu zu beleben. Ein dynamisches Element des Konflikts soll eingeführt werden, damit die Systeme nicht zum Stillstand kommen. Solche Planungsstrategien stellen die Gesellschaft der Teilhaber ohne Anteil nicht in Frage – sie akzeptieren sie als gegeben. Der »Konflikt als Antriebsmaschine«, wie es der Architekt und Planungstheoretiker Markus Miesen formuliert, tariert aus, wie viel schüttelnden Dissens die Kreisläufe benötigen, um wieder neues Wissen freisetzen zu können, ohne dass ihre Kontrollfunktionen in Mitleidenschaft gezogen werden.

Auch der nachkybernetische Management-Theoretiker Dirk Baecker denkt durch die *Order out of noise*-Konzepte von Heinz von Foerster darüber nach, wie sich organisierte Störung oder Negation positiv wenden lassen. Gelingen den offensiven Teilhabern oder Mitarbeitern keine relevanten Konflikte und die Freisetzung von neuem Wissen, soll das Management selbst zur Störung werden.

Aus den erneuten Versuchen des mobilisierenden Umgangs mit Konflikt, Negation und Störung spricht eine der gegenwärtig größten Bedrohungen des Kapitalismus: Dieser droht an seiner Absicherung durch die Abweisung, Vernichtung und die einbindende Umdeutung von allem, was seinen Systemprinzipien zuwiderläuft, zu ersticken. Das immer geschlossenere System der Selbstregulierung beißt sich nun tatsächlich in den Schwanz.

Wird derzeit mit 1,4 Billionen US-Dollar im Jahr, wie das Londoner Wochenmagazin *The Economist* Anfang 2013 errechnete, auch weltweit mehr als je zuvor in Innovationen investiert, bewegen sich die Ergebnisse auf dem Niveau bescheidener Optimierungen. Die Nichtentwicklung hält in manchen Bereichen mittlerweile seit mehreren Jahrzehnten an. Es tut sich wenig, oft gar nichts. Was hervorgebracht wird, ist gerade mal kurzatmiger Ersatz und meist nur Neuauflage des Alten. Es dient in erster Linie den Notwendigkeiten einer Überproduktion und der Beschäftigungstherapie, mit denen sich die Kurprinzipien des Systems hoffnungsloser Ziellosigkeit am Leben erhalten. Der Mangel an neuem Wissen lässt sich trotz der andauernden Behauptung des Gegenteils, dem geschürten Irrglauben, in der innovativsten aller Welten zu leben, nicht mehr übersehen.

Mag es sich bei der Selbstbezüglichkeit der Teilhabergesellschaft, der Integration aller Abweichungen und der Feindschaft gegen alles, was sich nicht integrieren lässt, auch um Optimierungen der Kontrolle gehandelt haben, entwickelte sich daraus eine selbstzerstörerische Systematik wider die Erneuerung seiner selbst, schnürt sich das nachinnovative, von seiner eigenen Kontrolle besessene System selbst die Luft ab. Vielleicht kann ihm dabei geholfen werden?

Nervosität zersetzt den Rest

Die Gesellschaft der Teilhaber zählt zu den Ausläufern des Wandels, den Gilles Deleuze als Passage von den Disziplinargesellschaften zu Kontrollgesellschaften beschreibt. Kompakt hatte der französische Philosoph schon Anfang der neunziger Jahre das immer enger werdende Ineinandergreifen von offener Kontrolle und Selbstüberwachung analysiert. In seinem *Postskriptum über die Kontrollgesellschaften* nennt Deleuze die Kybernetik nicht beim Namen, sie klingt aber darin mit und wird von ihm in Interviews als deren symptomatischer Maschinentyp genannt. Der Titel des Essays spielt wiederum auf das liberale Beobachtungsphantasma Jeremy Benthams an, das dieser 1791 in seinem Text *Postscript to the Panopticon* entwarf.

Was sich in den Disziplinargesellschaften der vergangenen Jahrhunderte Leben nannte, hatte noch bedeutet, von einer geschlossenen Umgebung in die nächste überführt zu werden. Krankenhaus, Familie, Schule, Kaserne, Fabrik, Altenheim, Krankenhaus, Friedhof bildeten Gefäße der Einschließung. Wer nicht funktionierte, den ereilten Disziplinarmaßnahmen. Im Falle wiederkehrender Abweichung drohten Gefängnis oder Irrenhaus. Die menschlichen Fühler und Greifer der Einschließung gaben sich noch deutlich zu erkennen, sie trugen Uniformen, weiße Kittel oder graue Straßenanzüge. Mochte das System auch stabil erscheinen, rutschte es Ende der sechziger Jahre in eine tiefe Krise. Regierungen und Management reagierten darauf mit einer Flut von Reformen. Schule und Universität, in denen es 1968 zuerst zu massivem Widerstand gekommen war, wurden umfassend reformiert – bald folgten Familie, Armee und Gefängnis. Allen Anstrengungen zum Trotz konnte das Gefüge der Disziplinarmaschinen nicht mehr repariert werden, die Einschließung lag schon im Scherbenhaufen ihres Endes.

Im Verlauf der siebziger Jahre, zeitgleich zum Verschwinden des öffentlichen Gesprächs über die Kybernetik, erlebt die Bindung des Einzelnen an die Gesellschaft und seine Steuerung einen Umbruch. An die Stelle von Unterdrückung, Disziplin und Einschluss treten »ultraschnelle Kontrollformen mit freiheitlichem Aussehen«. Was die Stechuhr mechanisch überwachte, wird nun in kleinen Schritten von den Kontrollierten in

Milieus und pseudohomöostatischen Netzwerken selbst organisiert. Scheinbar freie Formen der Arbeitsorganisation, wie die flachen Hierarchien, verbinden sich mit der Flexibilität von Projekten oder einer Zunahme der Selbstständigkeit.

Die Rollenmodelle der alten Ordnung treten nun diskreter auf: Eltern müssen nicht mehr wie Mütter oder Väter aussehen, und der Chef gibt sich nicht unbedingt als solcher zu erkennen. Eine abwesender erscheinende Autorität wandert in die Vorstellungswelten der Einzelnen.

Das Management taucht in die entstehenden Milieus immer seltener von außen ein, sondern rekrutiert die Erweiterung seiner Organe vielmehr aus ihrem Inneren. Die neugewonnenen Agenten der Organisation sind oft nicht mehr als solche zu erkennen. Der Radius der heterarchischen Kontrolle von Arbeit, Gesundheit und Moral dehnt sich in die Selbstverwaltung aus. Immer mehr Menschen hoffen, selbst zu Verbündeten des Managements zu werden, um nicht herauszufallen. Den Einzelnen umwölkt eine Angst des Ausschlusses. Ständig droht: arbeitslos, nutzlos oder einfach einsam zu werden. Eisenspäne erfassen das ganze Wesen. Finger und Zehen werden steif, wie in einem Krampf. Komplizen sollen gewonnen werden, die kein Brot fressen. An- oder Ausschluss stellen die Frage: Wenn du schon mit einem Bein Agent bist, warum willst du als Einbeiniger versagen? Die Verunsicherung herauszufallen, treibt immer tiefer in die Maschine. Nervosität brennt den Rest des widerständischen Selbst aus.

In einem Spiegelkabinett der Ängste muss immer weniger diszipliniert werden, die meisten organisieren das für sich selbst, und sei es, wenn sie vor dem Spiegel fragen: Wer bin ich? Was kann ich? Wie kann ich es besser tun? Wo bin ich? Was stelle ich dar? Bin ich noch angeschlossen oder dabei herauszufallen? Man stellt sich Fragen, die das Denken verwüsten, schwächen, isolieren. Alles löst sich ständig auf. Jedes Rest-Selbst, jede Beziehung, jeder Tarif, jede Entwicklung wirkt, kaum wahrgenommen, schon wieder überholt. Es geht darum, den letzten Moment eines Jetzt anzunehmen und auf das in der nächsten Sekunde Kommende vorbereitet zu sein.

Was das auf Echtzeit verkürzte Wesen noch darstellt, spaltet sich in verschiedene Rollen. Immer fragmentierter sieht man sich bei internalisierten Konflikten zu, die eigentlich nie die eigenen waren. Die von der Beschäftigung mit ihrem falschen Selbst und den dazugehörigen Apparaten Überforderten finden kaum noch stabile Bezüge. Was losgelöste Freiheit sein soll, zeigt sich meist nur in den notorisch unterbrochenen Verbindungen. Ab einem bestimmten Moment geht alles nur noch dahin, wo einen das Gewebe gerade braucht. Die Ausgebrannten werden zu Phantomen, die vor allem die Freuden der Pflicht kennen, weshalb sich viele vollständig auf das bloße Funktionieren verlegen. Der Gebrauchswert des Einzelnen, die verwertete Subjektivität als Ersatz des

Selbst, liefert einem Halt in einer bezugslosen Wüste. Arbeit gehört zu den letzten Möglichkeiten, um sich zu verbinden. Man ist dabei müde, und die Müden sind ungefährlich. Sich in dieser Trance gegenseitig unter Druck zu setzen, gilt als normale Umgangsform. An die Stelle des Miteinander treten Rivalen. Jeder mögliche Konkurrent wird abgewehrt, um auf der nächsten Ebene zu überleben. Der Druck erzeugt immer neue Agenten, die das schützende Bündnis mit dem Management suchen und im Tausch dagegen als dessen Organe dienen, um jeden blinden Fleck zu durchdringen. Verbliebene Störungen bleiben unter Beobachtung und werden in der totalen Gegenwart reguliert.

Nie sagen, wie man leben möchte

Ein Albtraum hat seine Dramaturgie auf die Welt übertragen. Das Leben als Punkt fühlt sich dabei oft gar nicht schlimm an, scheint es noch gleichförmig komfortabel. Getrennt sitzen wir in Autos, Zügen oder Flugzeugen, warten an Supermarktkassen, campieren in Wohnungen oder ertüchtigen uns auf Maschinen. Bei all dem brauchen wir nicht einsam zu sein, weil wir ständig die jüngsten Nachrichten empfangen. Durch sie verstehen wir alles und verstehen nichts. An die Stelle übergreifender Sprache sind Spezialsprachen getreten, die sich immer schneller verändern. Wer sie versteht, kann sich für einen Moment der Annahme hingeben dazuzugehören. Für den, der nicht zum Milieu gehört, klingen dessen Kürzel und Codes zunehmend unverständlich. Aber man gewöhnt sich daran, nicht zu verstehen. Es ist auch gar nicht wichtig zu verstehen, denn bald gibt es schon wieder eine neue Nachricht. Alles bleibt vorläufig. Jeder Konflikt wird entschärft. Laufend wird darauf vorbereitet, auf die Fortsetzung zu warten. Auf eine Art liebt man die Warteschleifen, die sich mit Ordnung verwechseln lassen, die Mechanisierung seiner selbst. Die Verbindung durch die kleinen Apparate in der Hand strukturiert den Tag noch besser als Zigaretten. Zwischen seinen Informationen gibt man sich gelassen. Man kennt alle Tricks, jede Kulisse, jeden Verweis, jeden dramaturgischen Kniff, mit denen man bei der Stange gehalten wird. Man sieht sich bei der eigenen Verführung zu. Wir wissen alles und können es sofort vergessen. Es ist uns egal. Wer glaubt schon an die anachronistische Idee des Selbst oder gar dessen Bestimmung? Wir sind jetzt eine andere Art der Persönlichkeit. So bewegt man sich als Nicht-Ich durch den Dschungel seiner dreimal um die Ecke gedachten Widersprüche und hofft, weiterhin die Nachrichten zu bekommen, die irgendwann alles zu einer Geschichte fügen werden, in der man sich wiederfindet. Aber will man es überhaupt wiederfinden? Würde das Selbst die Darstellung dessen, was man als Ersatz des abhanden Gekommenen präsentiert, nicht einfach nur behindern? Eine Identität, wer braucht das? Was soll das eigentlich sein?

Die größte Bedrohung scheint, den Anschluss zu verlieren, ins Funkloch zu fallen.

Als einer von Millionen Punkten senden und empfangen alle die ganze Zeit. Mit jeder Frage an eine Suchmaschine versorgen wir das Kontrollstreben der Regelkreise mit Information und arbeiten gegen unsere Einsamkeit. Um weniger einsam zu sein, versuchen wir, wenigstens gesehen zu werden. Es gibt auch eine andauernde Aufmerksamkeit. Aber es gibt viel weniger Aufmerksamkeit von der Steuerung als wir, die sich nach Beobachtung sehnenden Punkte, heimlich erhoffen. Man muss sich mit der Illusion, gesehen zu werden, begnügen. Genauere Beobachtung bedeutet für die Steuerung einen Aufwand, den sie sich gar nicht leisten kann. Schon die Beobachtung eines einfachen Systems stellt das jeweils interessierte Management, mag es sich auch in der Masse aufgelöst haben und tausendköpfig geworden sein, vor Probleme. Die möglichen Beziehungen einer kleinen Anzahl von Elementen und die aus ihren Verhältnissen resultierenden Zustände rechnen schnell in kosmische Dimensionen hoch, und ihre Komplexität überfordert das beobachtende Gewebe, das schon lange von dem Versuch zu verstehen auf Kontrolle umgeschaltet hat. Die Punkte erkennen sich als ungefähre Normierungen und werden als solche erkannt, um mit schnellem Blick gesichtet zu werden. Ihr Verhalten wird abstrahiert und auf Ähnlichkeiten heruntergebrochen. Trotz der ökonomischen Tendenz zu Norm und Modell sind bestimmte Abweichungen erwünscht. An sie knüpft sich die Hoffnung, auf neues Wissen und frische Informationen zu stoßen. Beide sollen unverbrauchte Energie in das System einbringen. Die interessierte Toleranz der Beobachtung suggeriert das Gefühl kleiner Freiheiten. Fühler tasten die unvertrauten Einformungen ab, versuchen, sie produktiv zu deuten, und entwickeln mögliche Formen der Verwertung.

In einem Mikro-Milieu neigen die Punkte zur Autoaggression, ritzen sich mit Messern die Haut auf. Agenturen der Regulierung versuchen, aus dem abweichenden Verhalten einen neuen Lebensstil abzuleiten. Bei dem, was noch etwas verwirrt und deviant aussieht, werden die Strukturen der Selbstorganisation subventioniert, dann kleine Firmen gegründet. In ihnen arbeiten Autoaggressive, bei denen mittlerweile eine besondere Begabung für die Gestaltung von Geldautomaten auffällig geworden ist. In kleinen Schritten entstehen eine Organisation, ein Diskurs und die Umrisse einer Ökonomie um die Abweichung. Ähnlich wie bei der Gefängnisarbeit handelt es sich bei dem Wandel vom Tun zur Arbeit zunächst meist um leere Ökonomien, die nicht wirtschaftlich operieren. Ihre Aufgabe besteht darin, die Anpassung und mögliche Verkettung an die bestehenden Systemprinzipien einzuüben und die Tätigkeiten transparent zu strukturieren. Erst im zweiten Schritt wird ausgewählt, was sich gewinnbringend ausloten lässt. In der Fülle des aus dem Druck zur Produktivität Entstehenden scheint der

Ausschuss dessen, was sich in einem traditionell kapitalistischen Sinne nie einlösen wird, aber egal zu sein. Das System wird getragen vom Eifer der laufend über den Tisch gezogenen Teilhaber.

Transparenz und Beobachtung haben Priorität im horizontal wuchernden Panopticon, in dem sich Millionen Punkte mit dem blassen Verlangen, den Spielregeln zu folgen, gegenseitig kontrollieren. Leisten die anderen guten Service? Sind ihre Waren oder Dienstleistungen korrekt? Sehen sie gut aus? Können sie sich optimal mit der Welt verbinden? Sind sie witzig oder öde? Nicht-Bewertung ist verpönt, wird als schlechtes Benehmen oder regelwidrige Beleidigung betrachtet. Jeder kontrolliert jeden, zumindest diese Aufmerksamkeit hat man sich verdient. Wer in der Bewertung nicht sauber dasteht, kann sich eigentlich aufgeben. Selektion wird als Teil der Selbstregulierung verstanden. Es ist eine Form sozialer Kontrolle, die aber kaum jemanden davon abhält, sich das Leben zu nehmen.

Die Statistiker in der Kontrollgesellschaft konzentrieren sich bei ihren Beobachtungen der Punkte auf die größeren Bewegungen. Ihre Erbsenzählerei will wissen, in welche Richtungen sich die Ströme der Erbsen bewegen oder spalten, was sie dort, wo sie hingehen, verbrauchen, wie sie sich fühlen, wovon sie träumen, was sie sich wünschen, für wen sie sich gerade halten und ob sie möglicherweise gebraucht werden können oder auch nicht. Was die einzelne Erbse will, interessiert dabei wenig. Die Beobachter müssen mit ihrer Aufmerksamkeit haushalten und konzentrieren sich auf die größeren Bewegungen. Solange die Strömungen durchsichtig bleiben, lassen sich die entstehenden Intensitäten und das sie begleitende Rauschen in eine unbestimmte Zukunft ableiten. Damit die Fühler und Greifer optimalen Zugriff erlangen, gleichen sie die Intensitäten an Mittelwerten ab. Dem Rest der auf einen Punkt verkürzten Wesen wird möglichst viel von ihrer Substanz entzogen, deren thermische Schwankungen nur unnötiges Rauschen erzeugen würden. Ein Gesicht soll kein Buch sein, der Umschlag ist vollkommen ausreichend. Was bleibt, sind abgepackte Intelligenzen, Schemata, Abflachungen, die so funktionieren sollen wie die Theorie des schwarzen Kastens, also wie bestimmte Witze, bei denen unklar bleibt, was an ihnen lustig ist – deren Eingabe aber immer zu der Ausgabe Lachen führt. Der Inhalt der Black Box spielt keine Rolle für den Ablauf, ein stabiles Verhältnis von Eingabe und Ausgabe ist ausreichend.

Schwarzes Tier werden

Ein Verfahren zur Ermittlung von Eingaben, die zu erwünschten Ausgaben von Menschen führen, sind die seit über zwanzig Jahren verbreiteten Open Space Technologies. Entwickelt wurde die Gesprächstechnik von dem Unternehmensberater Harrison Owen, um mit ihr die

Arbeitsteilung in Unternehmen oder Organisationen zu verbessern. Angeregt hatten ihn dabei sich selbst organisierende Märkte, die er während seiner UN-Stationierung im afrikanischen Liberia erlebt hatte. Die Dynamik des Exotischen verkoppelt er mit der gewöhnlichen Kaffeepause, in der immer das Wesentliche zur Sprache käme. Inzwischen wird die Gesprächstechnik zunehmend in milieuartigen Strukturen angewendet, um deren Reaktionsmuster genauer beobachten zu können. Dabei geht es weniger darum, die verdunkelte Komplexität des Sozialen zu durchleuchten, als herauszuhorchen, auf welche Eingaben die Akteure eines Zusammenhangs reagieren. Eingesetzt wird die Methode oft dort, wo ein Milieu sich nicht mehr mit den Zielen der an ihr interessierten Organisation identifiziert.

Die Organisation lädt zur Entwicklung von Perspektiven ein. Das Management des Gastgebers wird von geschulten Beratern angewiesen, sich zu bemühen, in der Sprache des Milieus zu sprechen und fiktive Beziehungen einzugehen. Im offenen Raum, dem inszenierten Markt der Wünsche und des Unbehagens, gibt es keine Podien oder Redner, sondern ein sich flach erstreckendes Feld, auf dem sich Kleingruppen sammeln und miteinander sprechen. Innerhalb der entstehenden Kreise ergreift, wer sich dazu animiert fühlt, einen am Boden liegenden Stab, was ihn zum Sprecher erklärt. Nach seiner Aussage fasst er das Gesagte in Stichworten auf einem Papierbogen zusammen, der anschließend an einer Stellwand aufgehängt wird – so setzen sich aus Stichwortlisten Wandzeitungen zusammen, mit denen sich die Gruppen repräsentierten. Alle führen laufend Protokoll. Wer das Interesse am Gespräch eines Kreises verliert, sucht sich einen neuen Zusammenhang. Der Moderator fordert die über den Markt der Gespräche Schlendernden auf, sich als »Hummeln« oder »Schmetterlinge« zu begreifen. Die Konferenzteilnehmer sind anfänglich zurückhaltend, das Gespräch plätschert dahin. Nach einer Weile entledigen sich aber immer mehr Menschen ihrer schützenden Kokons und beginnen zu sprechen. Staunend stellt man als von der Atmosphäre Weichgespülter fest, dass einem aufmerksam zugehört wird. Große Augen sehen einen an. Geht die Konferenz zu Ende, streben alle auseinander. Jetzt beginnen die Ausgehorchten, über sich selbst zu staunen, sind peinlich berührt von ihrer im Psycho-Panopticon entkleideten Subjektivität.

Das Management beginnt nun, die Gesprächskreise aufzuarbeiten. Die in den Kulissen liegen gebliebenen Protokolle liefern Anhaltspunkte darüber, welche Wünsche, Widerstände oder Abweichungen umgedeutet werden müssen. Ziel der Anhörung ist es, den Redefluss der sich Öffnenden nach wiederholbaren Sprachsequenzen mit emotionaler Bindung zu durchforsten. Was an Ausdrücken, Formulierungen und Gesten geeignet scheint, um als Eingabe die Punkte im Milieu zu erreichen, wird später umgedeutet und als sprachliche Identifikationen in die zielstrebigen Steuerungsbefehle eingepflegt.

Umdeuten meint für das Management, die Sprache, in der Fragen bewertet werden, durch einen anderen Inhalt zu ersetzen und so die Ausrichtung des Begehrens wie des Unbehagens auf die von ihnen gewünschten Bezugsobjekte umzulenken, ohne etwas an den Bedingungen, in denen der Steuerungskreislauf wirksam wird, zu verändern. Mit dem umbewerteten Vokabular tauchen die Greifer des Managements der Organisation, des Milieus oder des Unternehmens wieder in die Menge der Punkte.

Mit ähnlichen Vortäuschungen des Verstehens, der Teilhabe und der gelungenen Kommunikation arbeiten in Neurolinguistischer Programmierung geschulte Verkäufer. Sie horchen in die Sprache des Kunden, die Wahl der Adjektive, seinen Zeichenvorrat, um festzustellen, was für ein Sprachmuster ihr Gegenüber benutzt. Beschreibt er seine Begierden über Augen-, Tast- oder Geruchssinn? Der Verkäufer passt sich dem sprachlichen Ausdruck an. Der Kunde beginnt, sich in der Spiegelung wohlzufühlen, glaubt sich verstanden, während seine Begierden lenkbar werden.

Rauschende Anti-Kommunikation

Den Methoden der psychosozialen Steuerung auszuweichen, ihre zahllosen Methoden und Dynamiken zu erkennen, um sich unterhalb ihres Radars zu bewegen, kann nur ein erster Schritt sein. Energien, welche die Sensoren stören, müssten verstärkt werden.

Rauschen kann, wenn es ein bestimmtes Maß überschreitet, den Informationsverlust steigern und so die Möglichkeiten des Zugriffs senken. Weniger klar übertragene Informationen bedeuten weniger Kontrolle, da die Dynamik der Punkte nicht mehr entziffert und gesteuert werden kann. Widerständisches Rauschen, das sich nicht mehr als produktive Störung umdeuten lässt, führt zu einem Leerlauf der Regelkreise. Die Fühler wandeln, worüber sie informieren sollen, in wirre, nicht mehr zu entziffernde Muster. Die Kraft des Rauschens schwillt an, wenn sich dessen menschliche Quellen gegenüber der Maschine gleichgültig verhalten. Energien werden wirksam, die von den Kreisläufen der statistischen Verwertung nicht erfasst werden können. Kann das Rauschen über einen längeren Zeitraum nicht mehr unter ein bestimmtes Niveau gesenkt werden, kommt es zu Turbulenzen. Um diese in den Griff zu bekommen, müssen sich die um Kontrolle ringenden Regelkreise weiten, was sie angreifbarer und instabiler macht. Im überdehnten Gewebe werden die Schwachpunkte sichtbar, lassen sich Knoten lösen, können Zirkulationen unterbrochen werden.

Mit derartigen Angriffspunkten der nachkybernetischen Steuerung befassen sich schon sehr früh Tiqqun. Schroff weist das Autorenkollektiv der um die Jahrtausendwende in Paris erscheinenden Zeitschrift den marxistischen Vorschlag zurück, im Mediengebrauch läge irgendeine Möglichkeit der Befreiung oder die Kommunikationsapparate könnten umgenutzt werden. »Man wird nicht die Reichtümer, sondern Informationen teilen, und alle werden gleichzeitig Produzent und Konsument sein. Jeder wird zu seinem Selbstmedium! Der Kommunismus wird ein Kommunismus von Robotern sein!«

Tiqqun setzt dagegen auf die Möglichkeiten undurchsichtiger Zwischenräume, Zonen der Nicht-Kommunikation und autarke Gebiete. Die Eingänge zu ihnen verortet Tiqqun im Nebel. »Undurchsichtig wie der Nebel zu werden, bedeutet zu erkennen, dass man nichts repräsentiert, dass man nicht identifizierbar ist. Es bedeutet, mit allen Kräften Widerstand gegen jeden Kampf um Erkennbarkeit und Anerkennung zu leisten.« Sich in Nebel zurückzuziehen und den Fühlern der Kontrolle zu entgleiten, bedeutet, alle Angebote der Rückkopplung oder Beteiligung abzuweisen.

Eine weitere mögliche Angriffsfläche erkennt Tiqqun in der Auslösung von Massenpanik. Panik trennt, reißt die von ihr Erfassten fort. Sie zerstört die Gewebe der Kontrolle. Von der zugespitzten Angst gepackt, würden die Einzelnen ihre Selbstdisziplinierungen vergessen und die ihnen zugeordneten Funktionen verlassen.

Die von Tiqqun und später auch vom Unsichtbaren Komitee entworfenen Angriffsformen dienen nicht mehr der Repräsentation, Reflexion oder einer Schärfung des allgemeinen Bewusstseins, sondern allein der Eskalation und Zersetzung. Sie radikalisieren sich in der Annahme, weder die Bevölkerung noch das Selbst könnten befreit werden. Als einziger Ausweg erscheinen Angriffe, die so sinnentleert und unbestimmt erfolgen wie das System, das sie bekämpfen.

Etwas unklar in den faszinierenden Überlegungen, die viele Anstöße für diesen Essay lieferten, wirkt die Behauptung, die »kybernetische Hypothese« sei an die Stelle der liberalen Hypothese getreten. Eher scheint es so, als hätten sich Liberalismus und Kybernetik ineinander verschränkt. Ein liberales Regime lockt die Bevölkerung aus der Verdunklung, durchleuchtet das Gewebe der vielfältigen Milieus. Egal ob Drogennutzung, abweichende sexuelle Vorlieben, politischer Radikalismus, Verweigerung konformen Verhaltens oder religiöser Extremismus, fast alles wird informell geduldet, um die Durchdringung aller Schichtungen der Gesellschaft und ihrer internsten Milieus zu gewährleisten. Wenn es all das schon geben muss, ist es für ein praktisch denkendes Management – sei es das von Unternehmen, die allgemeine Verwaltung der Gesellschaft, die Polizei oder das der gegenseitigen Kontrolle – selbstverständlich von Vorteil, wenn es im Licht geschieht. Es handelt sich um eine Duldung, die das Gespräch über das Tolerierte sucht und dabei immer die Gefährdung des scheinbaren Freiraums andeutet, um die Geduldeten in Unsicherheit zu halten.

Die professionelle Höflichkeit des strategischen Liberalismus, kombiniert mit dem Befehl zur selbstreflexiven Kommunikation, erlaubt eine Übersetzung des gesellschaftlichen Gefüges in Informationen, welche die Beschreibungssysteme der Kontrolle versorgen. Um zu verdeutlichen, was passieren könnte, wenn die Transparenz nicht mehr sichergestellt wäre, die Kommunikation abbricht, kommt es zwischenzeitlich immer wieder zu demonstrativen Übergriffen durch die Ordnungskräfte.

Problemzonen des Einblicks und möglichen Zugriffs sind die verbliebenen Tabuzonen – die Bereiche, in denen sich Rauschen unterhalb des Radars ausbreiten könnte. Solche undurchsichtigen Zonen legitimieren zwar – meist mit dem Argument, die Demokratie sei in Gefahr – den Zugriff, aber die Maschinisten der liberalen Nachkybernetik hoffen darauf, dass sie sich von selbst öffnen, um Aufwand zu sparen, um ihrer Müdigkeit Rechnung zu tragen. Ein Gesellschaftskörper, der nur noch bedingt von einer Autorität kontrolliert werden kann, wird mit homöostatischen Kreisläufen durchzogen.

15 Minuten Revolte

Vor ein paar Tagen wollte ich im Bus einen Fahrschein kaufen. Der Fahrer beugte sich über das Gerät, drückte die Tasten, ohne sie wirklich zu berühren, und sagte mehr gemurmelt als gesprochen: »Geh durch!« Die Anweisung wiederholte er gegenüber den Nachfolgenden. Ich überlegte, ob er versuchte, vor einer Videoüberwachung zu verbergen, dass er seine Arbeit sabotierte?

Bei der nächsten Station stieg ein Mann in den Bus. Er trug ein T-Shirt, auf dem »Occupy!« geschrieben stand. Als ob er beweisen wolle, dass jeder genau das sei, was er gerade darstellen will, begann der Mann ein lautes Gespräch mit dem Busfahrer und fragte ihn, warum er sich hier nicht offen zu seinem Widerstand bekenne und so ein Getue mache, statt mit uns über seinen miesen Job zu diskutieren. Wir säßen doch alle im gleichen Boot. Der von dem mitteilungsbedürftigen Aktivisten eingeschüchterte Busfahrer begann ab der nächsten Station, wieder normal zu kassieren.

Die Herausgeber der kanadischen Zeitschrift *Adbusters* und Initiatoren der Kampagne *Occupy!* wollten nicht mehr nur reden, sie wollten, dass etwas passiert und alle Welt davon erfährt. An die Stelle des großen Schlafs sollten Aktion und Information treten. *Adbusters* verstehen sich als »Schüler der Situationisten«. Einer von ihnen, Kalle Lasn, erklärt die situationistische Methode des *détournement*, der Zweckentfremdung, worum es sich bei *Occupy Wall Street!* handeln soll, als eine Art Judogriff der Mittellosen oder »Feedback-Schlaufe, die sich selbst zerstört«. Die Kampfsport-Kybernetiker verschickten den Aufruf »Besetze die Wall Street!« an 90 000 Freunde, und die Schlaufe nahm ihren Lauf. Die Umdeutung der Wall Street zu *Occupy Wall Street!* erzeugte eine sich selbst erklärende Marke, die darüber hinaus ein gut funktionierendes Franchise-Modell in sich trug. Auf einer rund 3000 Quadratmeter großen Betonfläche versammelten sich Menschen und gaben der kommunizierten Idee einen Körper. Größere Kreise zog die Aktion dank der Vermittlung einer von Warner Bros. gut eingeführten Identifikationsfigur. Ihren anarchistischen Charme konnten sich alle mit einer industriell vorgestanzten Guy-Fawkes-Maske aufsetzen.

Die Situationistische Internationale sprach von Rekuperation, Vereinnahmung, wenn die Revolte zur Ware umgedeutet wird. Im Zuge einer Gegenwart, die sich keine Perspektive auf die Zukunft leisten kann, gibt es die Ware schon vor der Revolte, weil die Vorstellung eines Danach nicht mehr vorkommt.

Die ersten Videoclips der *Occupy!*-Aktion wirken trotzdem noch frisch im anonymen Gemurmel des Internet. Bald wird zur Netznachricht von den Besetzern des Zuccotti-Parks im New Yorker Financial District ein verschwörerischer Unterton gewoben, ihre Existenz würde von den »großen Medien« unterdrückt. Die Nachricht wächst mit dem die Macht anerkennenden Gerücht ihrer Unterdrückung. Diese Dynamik wiederholt zudem die paradoxe Legitimation der sozialen Netzwerke, jene erstaunliche Behauptung, die Strukturen der höchstgehandelten Konzerne der Welt brächten »wahre Demokratie«. Zweckentfremdet werden die Apparate dabei auch nicht, es wird ja kommuniziert.

Der geringe Widerstand gegen den vom Apparate-Kapitalismus ausgerufenen Befehl zu kommunizieren, der viele der jüngsten Gegenbewegungen kennzeichnet, bildet die Beschädigungen ab, die die Auswüchse der aggressiven Ausgleichsbewegungen des Kapitalismus in den letzten Jahren an Menschen, an ihren Möglichkeiten zu sehen, aufrecht zu gehen oder zu einer Sprache zu kommen, hinterlassen haben. Die Fähigkeit, gegen den Konsens über die Verhältnisse zu denken, wird systematisch zerschlagen. An die Stelle der menschlichen Möglichkeiten ist eine fahrige Nervosität getreten, welche die von ihr Befallenen noch mehr erschöpft.

Angesichts von *Occupy!* und anderen Initiativen, die rasant in den Strom der herrschenden Dynamik umgedeutet werden und im Wohlgefallen der großen Verschleißspirale aufgehen, stellt sich verschärft die Frage: Wie sieht ein Ausbruch aus, dessen Widerstand sich nicht sofort wieder glätten lässt? Eine gespenstische Unterbrechung, die nicht erfasst oder kanalisiert werden kann und einfach nur den postdemokratischen Homöostaten mit Energie versorgt? Würde sich eine solche Unterbrechung überhaupt noch als Widerstand zu erkennen geben? Ist der physikalische, an die Industrialisierung gebundene Widerstand überhaupt noch adäquat im Zugriff einer kreisförmigen Steuerung? Liegt eine Möglichkeit darin, keinen Widerstand mehr zu leisten? Und darauf zu hoffen, dass die geschlossenen Kreisläufe, deren tödlicher

Blässe durch das Verschwinden abweichender Informationen keine neue Energie hinzugefügt wird, sich auf den Wärmetod zubewegen? Aber widerstandslos zu werden, nichts tun, wie soll das gehen? Reglos wie die Pilze werden – zufrieden ohne Licht? Nichts tun ist gut, aber schwierig. In meinem Ohr wiederholt sich der Halbsatz »I would prefer not to«. Ich summe ihn mit, wieder und wieder. Bartleby, der Held in Melvilles gleichnamiger Erzählung, verzichtet darauf, sich über die Zurückweisung hinaus mitzuteilen und bleibt einfach sitzen. Seine Abweisung sagt nicht, was sie will. Sie sagt gerade mal, dass sie es lieber nicht täte, und selbst dieses Es bleibt unausgesprochen, zeigt sich nur als schweigendes Sprechen in verstümmelten Formeln. Bartleby verharrt als Teil des Problems, sperrt sich dagegen, Lösung zu sein. Es ist eine Verneinung, die sich entzieht und die Kanalisierung der Zeichen unterbricht, indem sie sprechend die verständliche Aussage überspringt, aussagt, ohne die Position des Sprechers zu kommunizieren. Das mag paradox klingen, eine radikal ungreifbare Merkwürdigkeit, die ihre Radikalität nicht darstellt. Eine Anordnung, die gegen jede Symmetrie verstößt, ohne dass sich sagen ließe, wo sich genau ihre Schieflage befindet.

Bartleby löscht sich am Ende aus, hungert sich zu Tode. Er rauscht aber weiter als Untoter seiner Weigerung. Seine Störung, das Signal, das nicht zur Nachricht wird, hallt in den Gehörgängen wider, folgt einem wie eine Melodie, die man nicht loswerden kann. Was sie aufruft, erinnert daran, wie man manchmal Schmerzen erinnert, nicht als etwas Negatives, sondern als einen Unterschied.

Asozial bleiben

Während ich aus dem Fenster auf die nachtdunkel verwaiste Straße vor dem Haus blicke, sehe ich plötzlich vor meinem inneren Auge das brennende London. Noch immer fasziniert mich an den wiederkehrenden Nachbildern, wie die Ausschreitungen die Logik spiegelten, die sie angriffen. Was außer Kontrolle geriet, erklärte sich nicht. Eine ihrer wenigen Parolen lautete: »Wir werden reich heute Nacht!« Der Aufruf zur Plünderung könnte gleichlautend vor der feindlichen Übernahme eines Unternehmens an die beteiligten Mitarbeiter einer Investmentgesellschaft verschickt werden. Das Prinzip der nachpolitischen Ökonomie wird auf der Straße mit der Spiegelung der Sprache ihres eigenen Wertesystems angegriffen, der Gier. Unterschiede zwischen dem, was als antisoziale Parallelgesellschaft beschworen wird, jenem Mob, der Turnschuh- und Handy-Läden plündert, und den tragenden Kräften der herrschenden Ordnung lösen sich auf, während ihre Symbole brennen.

Die Kommentatoren sehen das anders, aber sie ahnen eine Störung, die sie überfordert, und kommentieren hilflos: Die Aufstände würden mit intelligenten Telefonen organisiert. Sie sagen das immer wieder, als ob sie das Telefon in ihrer Hand noch erkennen könnten, aber ihr monströs verzerrtes Spiegelbild schon aus dem Gesichtsfeld verschwunden wäre. Die rauschenden Ausschreitungen bilden eine Störung, die sich nur bedingt entziffern lässt. Einige Tage später kaufen die Menschen in denselben Straßen wieder ein, sind die traurigen Tropen des Verbrauchs wiederhergestellt, in denen wir auf die nächste Generation eines Telefons warten. Gibt es ein niederdrückenderes Bild? Die Bewegungslosigkeit der Schlangen an den Kassen ist Depression in kontrollierter Kettenreaktion – Ausdruck einer Ordnung, die jede Hoffnung verabschiedet hat. Eine Spur der kurzen Unterbrechung bleibt in der Welt, lässt sich nicht vollkommen verrechnen.

Ähnlich wie zuvor, nach den Ausschreitungen in den Pariser Banlieues, distanzieren sich viele »Linke« von den aufständischen Jugendlichen in London. Die schmalen Lippen derer, die auf Abstand gehen und die Gewissheit mit Löffeln gegessen zu haben meinen, erklären: Solche verwirrten Leute würden keine politische Kritik artikulieren. Da sei kein Bewusstsein zu erkennen, Teil einer kollektiven Bewegung zu sein, kein Wunsch, die Gesellschaft zu verändern. All das lässt sich vielleicht so sagen, wirkt aber seltsam blind gegenüber den Verhältnissen und den Strategien der Apparate. Borniert werden die Möglichkeiten der Kritik des zur Schau getragenen Bewusstseins überschätzt. Aber von welcher Politik wird da überhaupt gesprochen? Von welcher Kritik geredet? Die, die vor allem mit ihrem Selbstbild im Spiegel beschäftigt scheinen, übergehen die Autarkie des Rauschens und der unsichtbaren Revolte. Verfangen in dem Wunsch, etwas darzustellen, zu repräsentieren, übersehen sie, dass Widerstand oft in dem Moment beginnt, seine Energie zu verlieren, in dem er benannt wird.

Die sprachlos bleibenden Störungen derer, die es vermeiden, auszusagen und sich den allgegenwärtigen Verhördroiden der Kommunikation zu stellen, verkörpern die mögliche Schönheit des Rauschens. Abrupt spucken sie ihr verdrehtes Ja aus. Ja, wir wollen euren kaufbaren Dreck. Die Kraft des Ja greift zu und bleibt ungreifbar. Der Spuk eines Subjekts feiert das Ja als kriminelles Fest, einen lässigen Ausnahmezustand, eine Überschreitung, die nicht sofort wieder ausgeglichen werden kann. Das Ja der zehntausend Phantome springt aus dem Unsichtbaren, um bald wieder darin zu verschwinden. Bevor das Ja gegen sich selbst wirkt, dadurch, dass es benennt und sich selbst verrät, wandelt es sich in ein Nein. Zu einem Nein zum gelebten Überleben auf kleiner Flamme, zur Unterdrückung des Glücks. Das schillernde Ja, das sich in ein Nein wandelt, zielt auf das kalte Herz der Bedingungen. Das Nein wandelt die verstümmelte Sprache in ein Fahrzeug des Rauschens. Das Ja-Nein entflieht den Sensoren und formt ein Projektil der Unterbrechung, das nicht entschärft werden kann. In der Ekstase des semantischen

Sprungs überschreitet es die erfassbare Information und erhebt sich als Geräusch über die Kontrolle. In der Unfassbarkeit öffnet sich der Ausblick über die engen Mauern der Echtzeit-Kontrolle in eine Vorstellung von der Zukunft. Das Ja-Nein lässt die größte Bedrohung der unbestimmten Apparatur sichtbar werden, die Möglichkeit, das unausgesprochene Konzept eines anderen, besseren Lebens. Die Aussicht wird möglich, weil eine rauschende Sprache dem Austausch von Informationen widersteht, sich nicht in der Kommunikation verzehrt. Was da spricht, weigert sich ohne Worte, spricht nicht aus, wodurch es fassbar und durch Kommunikation lenkbar würde. Es bleibt asozial.

In der Weigerung, zur herrschenden Sprache zu finden, wird ein Horizont des Möglichen sichtbar, das von den Regelkreisläufen nicht ausgeglichen werden kann, um das Gleichgewicht, die Glätte der Oberfläche, umgehend wiederherzustellen. Die Wucht des Aufbegehrens, das asozial bleibt, liegt darin, nichts zu erklären, nichts zu kritisieren, nie die Sprache der Maschine zu sprechen. Sich nicht an ihrem Gift zu verseuchen. Die Greifer des Homöostaten entdecken keine Anknüpfungspunkte, gleiten ab und versinken im Leerlauf ihrer Frustrationen.

Die ansonsten von den Apparaten als nachmenschlicher Müll Ignorierten lassen sich vom kybernetischen Theater nicht noch für dumm verkaufen. Sie verweigern das Gespräch, um das nun plötzlich gebettelt wird. Nobel, wie sie sind, kommen sie nicht auf die Bühne, lassen sich nicht abziehen in den Fallen der Teilhabe. Sie bleiben unbestimmt, werden noch unbestimmter als das, was sie bekämpfen. Ihr aussageloser Widerstand überspringt den allgegenwärtigen Befehl zur Transparenz. Keine Autorität wird durch das Gespräch mit ihnen ins Recht gesetzt. Die Darsteller der Postdemokratie, die ständig mit verständnisvollem Blick darauf warten, jemand könnte das Wort an sie richten – und sei es nur, um zu fragen, wie spät es ist –, werden einfach stehen gelassen. Die Revanche der ignorierten Ordnung, welche für ein paar Nächte zum Objekt gemacht wurde, ist maßlos und tückisch: Eine hysterische Reaktion entgleitet der polizeilichen Selbstbeherrschung. In leblose Augen, die immer so zu blicken geübt haben, als sei das Leben aller Polizisten ein freundliches Helfen und entspannte Bummelei, trat ein bitterböser Schimmer, Lippen zitterten unkontrolliert. In Panik fällt den Stolpernden das Gesicht herunter. Ihr hässlicher Zugriff hinterlässt einen Flurschaden dort, wo man sich so sehnlich wünscht, unsichtbar zu werden.

Die Ereignisse in London und Paris fragen nach der Zukunft in einem Fenster ohne Aussicht, danach, wie sich eine solche neu erfinden lässt, als eine Vorstellung, die allen Anhaltspunkten der Gegenwart widerspricht. Ein Widerspruch, der es der Maschine nicht mehr erlaubt, die innewohnende Störung zu erfassen, indem sie sie in einen leeren Horizont entsorgt. Eine Idee der Zukunft, die nicht mehr in dem hinterhältigen Fragen der Feedback-Karten verfängt und mit mathematischer Präzision in die Endlosschlaufe der Gegenwart eingebunden wird.

Mag es der Verwahrung dessen, was Leben sein sollte, auch erfolgreich gelungen sein, jede Vorstellung von der Zukunft abzuschaffen, bildet die für die Aufrechterhaltung ihrer Systemprinzipien zwingend notwendige Unbestimmtheit einen der empfindlichsten Angriffspunkte. Das Licht, mit dem es seine Elemente durchdringt, könnte dorthin umgelenkt werden, wo am Horizont totale Dunkelheit sein soll. Die Verdrehung könnte freisetzen, was vorher nicht da war und die Bewegung einer gelebten Freiheit mehren.

Heute wird der Traum gefegt

Im Gefühl, jetzt in der Küche, wo ich seit Stunden schreibend sitze, die ablaufende Zeit zu versäumen, drängt es mich hinaus. Im Flur ziehe ich meine speckige Lieblingsjacke über. Da sie langsam endgültig aus den Nähten geht, konfrontiert mich ihr Anblick mit der ungelösten Frage nach einem Ersatz. Zuerst dachte ich, was wäre leichter zu ersetzen als eine schwarze Bomberjacke. Aber dieses Modell, in dem das Produkt vor einer kleinen Ewigkeit auf den Punkt kam, ist schon lange nicht mehr erhältlich. Dass die Industrie die Waren, die den Zenit einer Entwicklung verkörpern, aus dem Handel verschwinden lässt, ist verständlich. Wären sie noch im Umlauf, würde deutlich, dass alles, was folgt, Abstieg ist, angestrengte Duplikate alter Höhepunkte, affektierte Verfeinerungen, verzweifelte Überproduktion aus der Zeit nach der Innovation. In ihren verwehten Zyklen ist jede Gegenwart, zu der sich aus irgendwelchen Gründen Ja sagen ließe, verschwunden. Die lärmende Mehrheit der abgehalfterten Dinge, die gerade das Jetzt und die nahe Zukunft darstellen, sind allein zum Selbstzweck des Systemerhalts hergestellte Waren. Es ist die Überproduktion einer unbestimmten Maschine, die sich sinnlos im Kreis dreht, weil sie den Ausweg zur Zukunft verstopft hat – lausiger Zombie-Chic auf einer Party, die schon lange vorbei ist. Schwund eines Schwindenden. Man müsste ziemlich blöd sein, um die in sich selbst um ihr Überleben ringende Ausgleichsmaschine mit der Zukunft zu verwechseln. Wie verzweifelt muss ein System sein, wenn es durch Depression steuert?

Als motivierende Perspektiven in der No-Future-Wüste der Business Punks gibt es gerade einmal Seriennummern: 3.0, 8ps, G4 oder i6. Ihre Aufeinanderfolge bildet ein Ornament der Fortsetzung, das sich immer weiter reproduziert. Ihre Serialität ersetzt die Erzählungen, die Hoffnung, den Sinn, derer es in der Vergangenheit bedurfte und die nun scheinbar nicht mehr nötig sind. Hinter den Kulissen aus russischen Puppen, die immer kleiner werden, türmen sich die materiellen und immateriellen Halden des Hinausgeschobenen, Nichtentsorgten, Ungelösten, der Schuld und der Schulden. Irgendwann könnte die Halde zu voll werden und das Aufgeschobene zurückkehren, wie Zombies aus der überfüllten Hölle.

Vor der Tür durchfährt mich ein kurzer Schauder. Könnte ich, in der im Kreis drehenden Gegenwart, verlernt haben, wie man spazieren geht? Der Leerlauf der Apparate vermittelt, wir würden nicht ohne sie können. Dabei beginnen wir unsere Möglichkeiten erst zu spüren, wenn wir den Schatten ihrer bleiernen Unlust verlassen. Ihre Illusion unserer Abhängigkeit, dass wir nichts wären ohne sie, ist der Angst vor unserer Größe geschuldet. Die Maschinisten fürchten sich vor den menschlichen Möglichkeiten, für die sie keine Verwendung gefunden haben. Ihr störender Überschuss hinterlässt Brüchigkeit. An ihren Rissen beginnt die Neuerfindung der Freiheit.

Heiter stelle ich mir vor, jede Aussage über meine Wünsche oder mein Unbehagen zu verweigern. Die Vorstellung wirkt anziehend. Ich würde mich nicht mehr mit den Apparaten verbinden, mich von ihrem Zugriff verabschieden und auf ganzer Linie entkoppeln. Was zurückbleibt, wäre nicht mehr gemeldet, hätte keinen Ausweis, keine Wohnung, kein Telefon, kein Internet, keine Versicherung, kein Bankkonto und ließe sich nicht von Ärzten untersuchen. Mein Rest hätte sich aus dem Gesichtsfeld der Kontrolle verabschiedet, wäre selbst auf der Straße unsichtbar, wäre ein Punkt, der sich im System auf passiv stellt und wieder autark wird. Das könnte die Maschine nur geringfügig beeinträchtigen, solange die Punkte sich nicht massenhaft verweigern. Aber warum sollte ich nicht einer von ihnen werden? Und die Logik einer Welt verlassen, in der ich total vergesellschaftet und privatisiert bin?

Schritte kommen näher. Es sind schon viele. Was ich werden könnte, wäre einer von Tausenden. Warum schließe ich mich ihnen nicht an? Als Teil ihres Wir würde ich gelassen alles hinter mir lassen, nicht mehr die Knöpfe drücken, jeden Tausch von Informationen ablehnen und nur geheimnissüßen Schwachsinn murmelnd über Berge kullern. Was von mir als Punkt noch da wäre, verschwände weit unterhalb von Normal. Ich hätte keine Sorgen mehr abzustürzen, sondern würde meine Freiheit als Idiot genießen.

Mag sein, dass alles um uns herum danach aussieht, als sei es dafür gedacht, darin zu verblöden. Aber als Idioten sind wir einfach noch viel idiotischer als das, was von uns erwartet wird – keine Gebrauchsidioten, sondern welche, die wirklich nicht zu gebrauchen sind. Wir deuten das Pathologische zur Regel um und machen heiter aus der Krankheit eine Waffe.

Idiot, idiotes, bedeutet ursprünglich Privatmann. Was das Öffentliche sein könnte, hat sich längst in apathische Bedeutungslosigkeit zurückgezogen, dorthin, wo jede Bewegung, jede Geste aus einem Katalog kommt, der sich auf nichts mehr bezieht. Warum noch auf dieser öffentlichen Sphäre oder dem Politischen bestehen? Was sollte das sein, außer Arbeit an einer vergangenen Illusion? Lieber verlassen wir die postpolitische Warteschleife, plagen uns nicht mehr damit, an die Türen abgerissener Häuser zu klopfen. Warum nicht lieber die radikale Übertreibung des Privaten in Gestalt asozialer Idiotie genießen, um im antipolitischen Autismus die Zerstörung des Sozialen ins Monströse zu treiben? Wer sich als funktionale Möglichkeit auslöscht, lernt immer mehr andere Idioten kennen.

Manchmal rotten wir uns zusammen, meist lungern wir aber einfach nur herum. Unsere Abkapselung spricht sich nie dagegen aus. Das wäre schon zu viel Bekenntnis in einer Farbe, der die notwendige Leichtigkeit fehlt. Wir wollen aber nicht mehr in der dumpfen Melancholie rechter Winkel kommunizieren, sondern sehen in zerrissenen Formen lieber einfach so gut aus, dass alle mit uns spielen wollen – wachsen in eine Störung, die nicht mehr kontrolliert werden kann.

Teil der idiotischen Asozialität zu werden, ist keine Selbstbeschädigung, sondern eine Möglichkeit, eine kollektiv geteilte Weite außerhalb der Erfassung zu betreten – ein Fallen aus den Rastern. Die gefallene Zurückgezogenheit scheint ein Ausweg aus den Sackgassen einer Kritik, die den Apparaten nicht mehr widersteht, da sie deren Sprache spricht, sich mitteilt, ihren Empfänger adressiert und ihn in ein Recht setzt, allein dadurch, dass sie sich an ihn richtet. Dabei lohnt allein der Blick auf Ausgänge, Schwachstellen und Angriffsflächen.

Idiotische Abkapselung bedeutet die Errichtung einer Welt in der Welt, einer parallelen Atmosphäre, die für die Beobachter aus der zurückgebliebenen Welt nur noch als Rauschen wahrnehmbar ist. In der Abkapselung hört man auf, Teilhaber zu sein, stirbt in der Welt der Ausgleichsmaschine den sozialen Tod. Man geht direkt auf die beschworene Angst zu und verschwindet im Zauber der Funklöcher. Das Schweigen in ihrer Sprache überfordert die Sensoren. In den Regelkreisen bilden sich Nebelbänke, die sich langsam ins Innere der Steuerung übertragen, wo sie zu Leerlauf führen.

Über den Horizont huscht ein Moment von Ungeduld.

Ein Apparat antwortet kurz vorm Platzen, verstopft von dem, was er nicht mehr in Information umrechnen kann, mit einem verzerrten Lächeln, so, als wollte er sich für seine Existenz entschuldigen.

In der Ferne wird eine unbekannte Galaxie erkennbar. Sie drängt sich in den Rahmen wie eine glitzernde Masse, in der sich die Punkte der Sterne zu kleinen Scheiben vergrößern und mit hellem Schimmer funkeln.

Ich kreuze den Zebrastreifen, gehe vorbei an dem Parkplatz, wo Tagelöhner halbwach hinter den beschlagenen Fenstern ihrer Autos schlafen, dahinter das Krankenhaus, über die vierspurige Ausfallstraße, vorbei am ewigen Ausverkauf von Matratzen. Nirgendwo ist etwas von der Unübersichtlichkeit der Großstadt zu erkennen. Verirren kann man sich hier nicht. Nach der Kirche folgt die kleine Ampel, von dort ist es nicht mehr weit zur Bar.

Ihre Fenster sind mit schwarz gestrichenen Holzplatten vernagelt. Meine Füße nehmen die drei windschiefen Stufen. Ich husche durch einen in die Jahre gekommenen Vorhang und bin im anheimelnden Inneren aus getäfelten Wänden. Sparsames Dekor. Chanel steht vor der Jukebox, aus der eine übersteuerte House-Version von »Pokerface« tönt, und winkt mit der Wimper. Scharf und kantig treten ihre Muskelstränge hervor. An der Kehle zeigt sich ein zarter dunkler Fleck. Welche Art von Würde es auch sein mag, ihre maskierte Hochstapelei ist ein wunderschönes Bild gegen das Spiel mit offenen Karten. Vom Tresen kommt ein abwesender Blick. Niemand fragt, was ich möchte. Plötzlich gibt man mir ein Zeichen, ins Hinterzimmer zu gehen. Eine Tapetentür öffnet sich, ein langer Flur folgt. Am Ende des Gangs eine Art Vorzimmer, das die Gemeinde mit einem burlesken Schlamassel dekoriert hat: Teller aus gebrannter Erde, magische Ingredienzien, Flaschen mit fahlgelben Flüssigkeiten, Wasserschalen, unheimliche Kuchen, Milch in einem Aluminiumtopf und ein halbes Dutzend lebender Hühner. Unordnung stiftet neue Ordnung. Für einen Traum ist das Szenario zu bunt, ich träume meist farblos.

In der Luft liegt der aufdringliche Duft von nachgemachtem Shalimar, Weihrauch und den Ausscheidungen der verängstigten Hühner, die zu ahnen scheinen, was sie erwartet. Im Dunst des feuchten Zigarettenrauchs wird verschwommen ein weiß gepudertes Gesicht mit einer viel zu großen italienischen Sonnenbrille sichtbar. Obenauf ein blanker Zylinder, darunter der flattrig-dürre Körper in einem pechschwarzen Anzug von Helmut Lang. Während sich meine Augen an das Licht gewöhnen, glaube ich Heinz von Foerster zu erkennen. Der zu große Hut verkürzt grotesk das Gesicht dessen, der schon lange tot ist. Selbst durch das dunkle Glas blitzen seine hungrigen Augen. Er beugt sich vor, schneidet mit einem Messer einem Bock den Hoden ab und steckt ihn sich als schwarze Zunge in den Mund. Jetzt öffnet die Klinge den Unterleib des Tiers. Geräusch nennt der Jäger die Innereien des Erlegten. Mit der übergroßen Zunge im Mund berührt der Wiedergänger einen derer, die einen Kreis um ihn bilden. Das eben noch phlegmatische Gesicht des Berührten schüttelt sich in Ekstase. Seine zappelnden Beine zerschlagen einen der Töpfe, eines der Gefäße, in denen sie Wirtsorganismen züchten, mit denen sie den Parasiten vergiften wollen. Säfte ergießen sich in einer unendlichen Zirkulation des Begehrens von einem Körper zum anderen. Die Schreie werden schriller und die Zeremonienmeisterin, welche mit tödlicher Blässe den falschen von Foerster gibt, singt jetzt von der Erschaffung einer undurchdringlichen Landschaft, in der sich das Rauschen in eine Selbstregulierung ohne den Zugriff des Parasiten auswachsen kann.

In der Stadt gibt es schon Tausende solcher Geheimzusammenhänge. In einem unentwirrbaren Geflecht bereiten sie den Aufstand gegen die paranoide Ausgleichsmaschine vor, um den Stolz der schönen Gedanken zurückzuerobern. Vor einer Reliquie beuge ich mich nieder und bitte um Vergebung, dass ich dem Rauschen in der Sprache heute so wenig Raum gegeben habe. Es schien mir notwendig, einen Zusammenhang und die Möglichkeit einer Bewegung aufzuzeigen, auch für den Preis, mich dabei in Widersprüche zu verfangen.

*

Mein ganz herzlicher Dank gilt Lily Wittenburg und Maku, Hanna Mittelstädt, Katharina Picandet und Lutz Schulenburg, Ingrid Beckmann, Kathrin Busch, Bärbel und Hermann Dany, Stephan Dillemuth, Christian Höller, Christine Lemke, Hans-Joachim Lenger, Gustav Mechlenburg, Ariane Müller, Gunnar Reski, Lisette Smits und Leila Unger, ohne deren vielfältige Unterstützung dieser Text nicht zustande gekommen wäre.

*

Literatur

Ashby, W. Ross: Einführung in die Kybernetik. Frankfurt am Main 1974
Baecker, Dirk: Organisation und Störung. Frankfurt am Main 2011
Barthes, Roland: Wie zusammen leben. Frankfurt am Main 2007
Baudrillard, Jean: Kool Killer oder der Aufstand der Zeichen. Berlin 1978
Benn, Gottfried: Der Radardenker. In Sämtliche Werke, Prosa 3. Stuttgart 1991
Beer, Stafford: Kybernetik und Management. Frankfurt am Main 1962
Cixous, Hélène: Die unendliche Zirkulation des Begehrens. Berlin 1977
Crouch, Colin: Postdemokratie. Frankfurt am Main 2008
Dammbeck, Lutz: Das Netz - die Konstruktion des Unabombers. Hamburg 2005
Deleuze, Gilles: Postskriptum über die Kontrollgesellschaften. In Unterhandlungen. Frankfurt am Main 1992
Deutsch, Karl W.: Politische Kybernetik. Modelle und Perspektiven. Freiburg im Breisgau 1969
Fanon, Frantz: Die Verdammten dieser Erde. Reinbek bei Hamburg 1969
Fichte, Hubert: Xango. Die afroamerikanischen Religionen. Frankfurt am Main 1976
Foerster, Heinz von: Wissen und Gewissen. Versuch einer Brücke. Frankfurt am Main 1993
Foerster, Heinz von / Pörksen, Bernhard: Wahrheit ist die Erfindung eines Lügners. Heidelberg 1998
Foucault, Michel: Überwachen und Strafen. Frankfurt am Main 1977
Gibson, William: Chrome brennt. In Cyberspace. München 1986
Günther, Gotthard: Das Bewusstsein der Maschinen. Baden Baden / Krefeld 1963
Hagner, Michael / Hörl, Erich (Hg.): Transformation des Humanen. Beiträge zur Kulturgeschichte der Kybernetik. Frankfurt am Main 2008

Han, Byung-Chul: Transparenzgesellschaft. Berlin 2012
Haraway, Donna: Ein Manifest für Cyborgs. In Die Neuerfindung der Natur. Frankfurt am Main / New York 995
Heidegger, Martin: Die Herkunft der Kunst und die Bestimmung des Denkens. In Denkerfahrungen. Frankfurt am Main 1983
Kant, Immanuel: Die Kritik der Urteilskraft. Frankfurt am Main 1974
Klaus, Georg (Hg.): Wörterbuch der Kybernetik. Berlin (Ost) 1970
Lem, Stanislaw: Summa technologiae. Frankfurt am Main 1976
Lenz, Siegfried: Deutschstunde. Hamburg 1968
Mann, Thomas: Der Zauberberg. Berlin 1924
Melville, Herman: Bartleby der Schreiber. Frankfurt am Main / Leipzig 2004
Miesen, Markus: Albtraum Partizipation. Berlin 2012
Perniola, Mario: Wider die Kommunikation. Berlin 2005
Pias, Claus (Hg.): Cybernetics – Kybernetik. The Macy-Conferences 1946–1953. Zürich / Berlin 2003
Pickering, Andrew: Kybernetik und Neue Ontologien. Berlin 2007
Reimann, Fabian: Another Earth Catalogue. Leipzig 2012
Rivere, Philippe: Der Staat als Maschine. In Le Monde Diplomatique, November 2010
Serres, Michel: Der Parasit. Frankfurt am Main 1987
Tiqqun: Kybernetik und Revolte. Zürich / Berlin 2007
Unsichtbares Komitee: Der kommende Aufstand. Hamburg 2010
Wiener, Norbert: Kybernetik. Regelung und Nachrichtenübertragung in Lebewesen und Maschine. Düsseldorf / Wien 1963
– Mathematik - Mein Leben. Frankfurt am Main 1965
– Mensch und Menschmaschine. Frankfurt am Main / Berlin 1952
Wiener, Oswald: Die Verbesserung von Mitteleuropa. Reinbek bei Hamburg 1969
Wittgenstein, Ludwig: Tractatus logico-philosophicus. Frankfurt am Main, 1963

Hans-Christian Dany bei Edition Nautilus

SCHULD WAR MEIN HOBBY. Bilanz einer Familie
Broschiert / 128 Seiten / ISBN 978-3-96054-348-0
»Ist das überhaupt meine Familiengeschichte oder der gewöhnliche Niedergang einer selbstgefälligen Gesellschaft, die, nachdem sie jahrzehntelang über ihre Verhältnisse gelebt hat, ins Schleudern kommt?«

MA-1. Mode und Uniform
Broschiert / 192 Seiten / ISBN 978-3-96054-089-2
Ein heiterer Spaziergang an den Rändern der Geschichte der gleichnamigen Bomberjacke zwischen Krieg, Subkultur und Mode: Über eine Uniformjacke, die nie endgültig von gestern ist, und über die Rolle dieser Mode ohne Ende in einer neuen Form des Krieges, einer Militarisierung des Zivilen und einer »Zivilisierung« des Militärischen.

SCHNELLER ALS DIE SONNE
Aus dem rasenden Stillstand in eine unbekannte Zukunft
Broschiert / 128 Seiten / ISBN 978-3-89401-826-9
Eine Ordnung versucht seit vierzig Jahren, ihr eigenes Ende hinauszuzögern. Für diesen Aufschub entschleunigt sie sich ständig durch immer mehr Sicherheit und Kontrolle, durch den Verzicht auf Fortschritt und den aggressiven Ausbau einer leerlaufenden Kommunikation. Mit kybernetischer List hat sie jede Vorstellung von der Zukunft abgeschafft.

SPEED. Eine Gesellschaft auf Droge
Broschiert / 192 Seiten / ISBN 978-3-89401-569-5
Das Buch stellt die schillernde Wirkung der Droge Amphetamin in ihrem Zwiespalt dar, indem es seine Entwicklungsgeschichte vom späten 19. Jahrhundert bis in die Gegenwart nacherzählt, von seiner extremen Leistungssteigerung bis zur schnellen Abhängigkeit und Zerstörung. Detailliert untersucht der Autor den Einfluss der Droge auf die Arbeiten von Künstlern wie Judy Garland, Philip K. Dick, Jean Paul Sartre, Andy Warhol, Elvis Presley oder Johnny Rotten.

www.edition-nautilus.de